hermann **scherer**

sie bekommen nicht,
was sie verdienen,
sondern was sie
verhandeln

book@web

hermann scherer

sie bekommen nicht, **was sie verdienen,** sondern was sie **verhandeln**

GABAL

Die Deutsche Bibliothek – CIP-Einheitsaufnahme
Ein Titelsatz für diese Publikation ist bei der Deutschen Bibliothek erhältlich.
ISBN 3-89749-177-x

Projektmanagement:
Ute Flockenhaus, Fischerhude
Lektorat:
Ute Flockenhaus, Fischerhude
Art Direction, Design und Satz:
Koemmet Agentur für Kommunikationsdesign, Wuppertal
Druck und Bindung:
Salzland Druck, Staßfurt

Aktuelles und Nützliches für Beruf und Karriere finden Sie unter
www. gabal-verlag.de – More success for you!

book@**web** – **More success for you!**

In der Reihe book@**web** erscheinen junge Karriereratgeber zu
aktuellen Businessthemen mit eigener Internetanbindung.
   Zu jedem book@**web**-Buch gibt es unter **www.book-at-web.de**
einen kostenlosen Workshop, in dem Sie Ihr Wissen aktiv trainieren
und sich mit anderen Teilnehmern austauschen können.

Ihr Kennwort für den book-at-web-Workshop lautet: **Glocke**

b@**w** Dieses Signet kennzeichnet auf den folgenden Buchseiten
    die Workshop-Themen im Internet.

Sie haben auch an anderen book@**web**-Themen Interesse, aber
keinen Zugang zum geschlossenen Bereich unserer Homepage?
Kein Problem! Auch außerhalb der geschlossenen Sites gibt es für
alle Interessenten viele nützliche Informationen und Services zum
Themenbereich Beruf und Karriere. Dazu gehören Diskussionsforen,
Newsletter, Bücher, Glossar, Seminare und zum Schnuppern ein
Demo-WBT. Sobald Sie registriert sind, stehen Ihnen alle
Funktionen unserer Business Community frei zur Verfügung.

Wir freuen uns auf Sie und wünschen Ihnen viel Erfolg!

Ihr book@**web**-Team

Viele Verkäufer sind wahre Profis, wenn es darum geht, Präsentationen zu erarbeiten, PowerPoint-Folien zu erstellen, Demo-Objekte vorzubereiten und auch noch das hundertste Produktdetail liebevoll als Beiblatt in die technischen Ausführungen aufzunehmen. Mit einem Fachwissen, das ganze Sammelbände füllen könnte, gehen viele hinaus, um am Markt ihre Produkte oder Dienstleistungen anzubieten. Alle Kunden erhalten sozusagen hochkarätige Nachhilfe in Sachen Produktkenntnisse.

Wie top auch immer ihre Präsentationstechnik und ihr Produkt-Know-how sein mögen, wenn es darum geht, über einen konkreten Auftrag und einen Abschluss zu verhandeln, dann geraten viele Verkäufer ins Stottern. Genau hier setzt dieses Buch an. Es geht nicht darum, wie Sie ein Verkaufsgespräch eröffnen, nicht darum, wie Sie Ihr Produkt präsentieren, nicht darum, wie Sie effektvoll auftreten und dank Stil und Etikette den besten Eindruck machen.

Es geht ganz gezielt darum, wie Sie im Verkauf verhandeln, wie Sie es schaffen, für Ihre Produkte, Systeme, Dienstleistungen den bestmöglichen Preis herauszuholen. Und wie Sie selbst in so (scheinbar) ausweglosen Situationen weiterkommen, wenn es heißt:

»Wir haben schon unseren Lieferanten!«
»Das brauchen wir nicht!«
»Sie sind zu teuer!«
»Das können wir uns nicht leisten!«
»Machen Sie uns ein besseres Angebot!«
»Das muss ich mir noch überlegen!«

Dieses Buch soll Ihnen Mut machen und Ihr Selbstvertrauen stärken, sodass Sie noch souveräner und geschickter auftreten. Und es soll Ihnen gleichzeitig eine Reihe von leicht anwendbaren Techniken und Strategien an die Hand geben, wie Sie in Zukunft mehr erwirtschaften können. Es soll Ihnen vermitteln, wie Sie bei allen möglichen Verhandlungsschwierigkeiten immer die Kontrolle und Führung behalten und schließlich den Auftrag gewinnen.

Fakt ist: Sie bekommen heute in der Zeit des Verdrängungs-
wettbewerbs nicht mehr das, was Sie verdienen (oder was Sie meinen zu verdienen oder was Sie verdienen sollten), sondern Sie bekommen das, was Sie verhandeln.

Dieses Buch bezieht sich auf das Verhandeln im Verkauf und ist
aus der Sicht des Verkäufers geschrieben. Nach wie vor finden die
meisten Verhandlungen im Verkauf statt. Unabhängig davon, ob Sie
nun Produkte, Dienstleistungen oder ganze Unternehmen oder
Einheiten verkaufen. Und nicht nur das ist Verkauf. Wir verkaufen
doch ständig etwas: unsere Ideen, unsere Vorschläge, unsere
Vorgehensweisen, uns als unentbehrlich im Unternehmen und oft
genug uns selbst. Die dargestellten Vorgehensweisen und Strategien
sind natürlich auch auf andere Verhandlungssituationen im
Geschäftsleben übertragbar, zum Beispiel auf Gehaltsverhandlungen,
in denen Sie sich schließlich selbst so teuer wie möglich verkaufen
wollen. Oder auf alle Bereiche, in denen es darum geht, andere zu
überzeugen. Ebenso gibt es einige Kunden, die dieses Buch lesen
um sich ein wenig besser auf die Verkaufsgespräche und die damit
verbundenen Vorgehensweisen und Strategien vorzubereiten.

Weniger anwendbar sind die Tipps auf den privaten Bereich.
Hierfür empfehle ich mein Buch »Jeder Tag ist Schlussverkauf«, das
aus der Sicht des Endverbrauchers geschrieben ist und eine Vielzahl
nützlicher Verhandlungs-Tipps enthält.

Ich wünsche Ihnen viel Spaß und viel Erfolg beim Verhandeln!

Hermann Scherer

Sie sind im Verkauf tätig? Verhandeln gehört für Sie zum täglichen Arbeitsleben? Sie möchten Ihre Erfolge in den Verkaufsverhandlungen weiter ausbauen? Sie sind daran interessiert, Tipps zu bekommen, wie Sie ein noch besserer Verhandler werden können? Dann ist dieses Buch für Sie genau das richtige: Anschaulich und praxisnah wird Ihnen ganz viel Wissenswertes rund um das erfolgreiche Verhandeln nahe gebracht.

Sie bedienen sich an dem Buffet des angebotenen Wissens, picken sich das für Sie Passende heraus, bauen es in Ihre berufliche Praxis ein und sammeln damit Ihre eigenen Erfahrungen. Daraus ziehen Sie wiederum für sich Ihre Schlüsse und bleiben im ständigen Prozess von Anwenden, Analysieren, Dazulernen, Abwandeln und wieder Anwenden.

Verhandlungskunst ist mehr als eine Aneinanderreihung von einzelnen Verhandlungsstrategien. Sie bringen Ihre Persönlichkeit mit ein und passen die Strategien Ihrem individuellen Stil an.

Ihre Einstellung gegenüber Ihrem Kunden wird für Ihr Gegenüber spürbar. Achten Sie darauf, dass Ihr Denken und Ihr Handeln in Übereinstimmung sind. So erlangen Sie Glaubwürdigkeit.

Was immer Sie verkaufen: Sie sollten davon überzeugt sein, dass Sie damit Ihrem Kunden einen Nutzen bringen können. Das ist die Grundvoraussetzung für das Win-Win-Prinzip, von dem immer wieder die Rede sein wird. Wenn beide Seiten gewinnen, bestehen gute Aussichten, dass die Geschäftsbeziehung Bestand hat.

Dies gleich vorweg: Es ist nichts Unehrenhaftes, wenn Sie darauf bedacht sind, für sich vorteilhafte Konditionen auszuhandeln. Nur dann, wenn Sie einen Gewinn erwirtschaften, ist Ihre Existenz gesichert und Sie bleiben im Geschäft. Sind Sie ein allzu wohlmeinender Geschäftspartner, werden Sie Ihrem Kunden unter Umständen leider nicht lange erhalten bleiben!

Die vorgestellten Strategien sind keine Neuerfindung. Sie werden alle schon lange praktiziert. Und Sie können fest damit rechnen, dass sie auch von Ihren Kunden angewandt werden. Daher ist das Wissen um die wirksamen Gegenstrategien nicht minder wichtig, denn sonst wäre von vornherein klar, dass Sie den Kürzeren ziehen. Prüfen Sie für sich, welche Strategien Sie aktiv anwenden möchten, aber seien Sie auf jeden Fall darauf vorbereitet, allen Strategien gekonnt zu begegnen. Wenn Sie durchschauen, wie die andere Seite taktiert und was sie damit beabsichtigt, können Sie gelassen bleiben, selbstsicher kontern und Ihr Verhandlungsziel weiter verfolgen.

Jeder Verhandlung liegen gewisse Gesetzmäßigkeiten zugrunde. Diese zu kennen, macht es Ihnen möglich, die Verhandlung in Ihrem Sinne zu eröffnen und in die für Sie richtigen Bahnen zu lenken, während der Verhandlung die Fäden in der Hand zu behalten und schließlich einen erfolgreichen Abschluss zu erreichen.

Die einzelnen vorgestellten Strategien werden für Sie mehr oder weniger zutreffend und nützlich sein und Sie zu eigenen Überlegungen anregen. Sicher werden Sie sich immer fragen, wie Sie die betreffende Strategie in der Praxis nutzen können. Der Aufbau des Buches ist so, dass kapitelweise nach der Zusammenfassung (Fazit) ein Abschnitt folgt, der Sie auffordert, den besonderen Bezug zu Ihren persönlichen Themenstellungen herzustellen (Ihr Nutzen). Weiterhin finden Sie in dem Online-Workshop zum Buch unter www.book-at-web.de Übungen, um Ihr Verhandlungs-Know-how situationsspezifisch zu testen und zu festigen. Die Themen, die Sie online unter www.book-at-web.de weiter trainieren können, sind der Übersichtlichkeit halber mit dem b@w-Signet gekennzeichnet.

Ein Hinweis zum Sprachgebrauch des Buches:
Ich spreche selbstverständlich in gleicher Weise Sie, den Herrn im Verkauf, und Sie, die Dame im Verkauf, an. Um der flüssigen Lesbarkeit der Texte willen, steht stellvertretend für beide die grammatikalisch männliche Form, die ohnehin häufig als allgemeiner Überbegriff anzusehen ist. Dasselbe gilt für »den Kunden«/»die Kundin«, »den Verhandler«/»die Verhandlerin« etc.

Eine herzliche Bitte an Sie, liebe Leserinnen: Fühlen Sie sich jederzeit angesprochen und eingeschlossen!

► Vorüberlegungen

b@w Worum es beim Verkaufen geht

//First step: die Bedarfsanalyse

► Bevor es zum Verhandeln kommen kann, brauchen Sie ein Gegenüber, das mit Ihnen in eine Verhandlung eintreten möchte. Im Kontext Verkauf bedeutet dies einen Kunden, dessen Interesse an Ihrem Produkt oder Ihrer Dienstleistung geweckt oder zumindest möglicherweise geweckt ist.

Sie kennen die Geschichte vom Schraubenzieher (fachlich korrekt: Schraubendreher). Er gilt als das meistverkaufte Werkzeug der Welt. Das Paradoxe daran: Niemand braucht einen Schraubenzieher, jeder braucht fest angezogene Schrauben. Grundlage des Markterfolgs dieses Werkzeugs ist also nicht der Wunsch nach dem Produkt selbst, sondern der Wunsch nach der Lösung für ein Problem, das die Menschen allerdings zuvor als solches erkannt haben müssen. In diesem Fall: lockere Schrauben! Um dieses Problem zu lösen, überlegen die Menschen zunächst einmal, was die Lösung sein könnte (ein Schraubenzieher!) und wo es eine Lösung zu kaufen gibt – wer also Lösungsanbieter sein könnte – und kommen zum Beispiel in einen Baumarkt. Dort fragen sie den Fachberater, welcher Schraubenzieher sich für diese speziellen Schrauben am besten eignet. Sie kaufen den empfohlenen Schraubenzieher, drehen zu Hause die losen Schrauben fest. Damit ist das Problem gelöst – der Kunde ist zufrieden und Hersteller und Handel haben einen weiteren Schraubenzieher verkauft!

Dieser Ablauf ist der Standardablauf, den sich erfolgswillige Verkäufer immer wieder vor Augen führen sollten. Denn gekauft wird ein Produkt in den allerwenigsten Fällen wegen des Produkts an sich, sondern wegen eines bestimmten Problems bzw. wegen der Lösung für dieses Problem! Das Schwierige daran: Viele Menschen sind nicht ohne weiteres in der Lage, ihr Problem klar zu erkennen, und/oder sind sich der Konsequenzen einer »Nicht-Lösung« des Problems nicht deutlich genug bewusst!

Folgerichtig ist die Diagnose des Problems – die Bedarfsanalyse – der Ausgangspunkt für jeden Verkauf, die Voraussetzung für jede Verkaufsverhandlung.

Veranschaulichen möchte ich dies an einem Beispiel aus einem anderen Bereich. Stellen Sie sich einmal vor: Sie gehen mit einem gesundheitlichen Problem zu Arzt A und erhalten, direkt nachdem Sie in seine Praxis gekommen sind, ein Rezept über ein Medikament oder er will Ihnen gar gleich eine Spritze geben.

Die meisten von uns wären wahrscheinlich sehr misstrauisch und würden sicher noch einen weiteren Arzt konsultieren. Wenn Ihnen Arzt B gezielte Fragen zu Ihrem Befinden und Ihrer speziellen Lebenssituation stellt, dann vermuten Sie den Experten, Sie fühlen sich wahrgenommen und verstanden, Sie gewinnen Vertrauen, und Sie wollen von ihm therapiert werden. – In derselben Position wie Arzt B sind Verkäufer, die den Bedarf ihrer Kunden wirklich ergründen.

In anspruchsvollen Verkaufssituationen analysiert der Verkaufsprofi präzise die Situation des Kunden und kommt dann mit entsprechender Flexibilität der idealen Lösung auf die Spur. Das eigentliche Verkaufsgespräch ist die Vorstellung der Lösung, kurz und auf den Punkt gebracht. Der Kunde kauft bei diesem Verkäufer nicht deshalb, weil der andere, billigere oder bessere Produkte hat als der Wettbewerb, sondern weil dieser das Know-how hat, genau das Richtige für den Kunden auszuwählen.

Beispiel: Ich habe das einmal vor etlichen Jahren auf einer Fachmesse, der Systems, erlebt. Ich wollte einen Beamer kaufen – Beamer waren damals gerade auf den Markt gekommen. Ich war an fünf Ständen, jeden Stand betrat ich mit dem Satz »Ich hätte gerne einen Beamer!«. An vier der fünf Stände stellten mir die Verkäufer sofort einen Beamer vor. Erst am fünften Stand fragte der Verkäufer mich: »Wozu brauchen Sie denn den Beamer?« Der Verkäufer wollte eine Menge Details wissen über den Verwendungszweck, den Einsatzort und die räumlichen Gegebenheiten. – Muss ich noch erwähnen, dass ich den Beamer dieses Anbieters kaufte? (Wobei mir im Nachhinein durchaus klar ist, dass vermutlich die anderen Beamer ebenso ihren Zweck erfüllt hätten.)

Unzählige Kunden haben sich schon im Nachhinein über einen Kauf geärgert, obwohl das Produkt an sich gut und der Preis hervorragend war, weil das, was sie gekauft hatten, nicht ihr wirkliches Problem löste und der Verkäufer es versäumt hatte, bei der genauen Ermittlung des Problems und der Lösungsfindung behilflich zu sein. Da passt das Zitat von Peter F. Drucker: »Die richtige Lösung für das falsche Problem ist schlimmer als die falsche Lösung für das richtige Problem.«

Die Vorteile einer treffenden Bedarfsanalyse sind vielfältig:
- Sie liefert die richtige Lösung für das wirkliche Problem des Kunden.
- Sie schafft Vertrauen beim Kunden und stärkt die Kundenbindung.
- Einwände treten seltener auf, da die Präsentation genau den Bedarf trifft.
- Das Preisgespräch tritt in den Hintergrund.
- Die Dauer der Verkaufsverhandlung verkürzt sich.
- Sie erreichen ein entspanntes Verkaufen, da Sie nichts aufdrängen, sondern als Problemlöser gefragt sind.

Eines noch: Bevor Sie mit der Bedarfsanalyse beginnen, holen Sie sich zuerst das Einverständnis Ihres Kunden. Wenn Sie das nicht tun, fühlt sich Ihr Kunde leicht ausgefragt und wird bald abblocken.

Nennen Sie ihm seinen Nutzen, indem Sie zum Beispiel sagen:
»Um zu erfahren, was für Sie genau das Richtige ist, würde ich
Ihnen ganz gerne ein paar Fragen stellen. Sind Sie einverstanden?«

Warum Verhandeln so wichtig ist

► Eines werden Sie nicht nur von anderen gehört, sondern auch
schon selbst festgestellt haben: Die Zeiten für Verkäufer werden immer härter. Sie müssen heute nicht nur mit der Qualität Ihrer
Produkte und Dienstleistungen überzeugen und begeistern. Nein,
Sie müssen zudem ein professioneller Verhandler sein, um im
Wettbewerb um die Kundengunst die Nase vorn zu haben; um nicht
nur zu verkaufen, sondern gewinnbringend zu verkaufen.

Die Kunden sind mehr denn je darauf aus, Ihren Preis zu drücken,
und sie sind heute weit bessere Verhandler als noch vor 5 oder 10
Jahren. Außerdem ist es nun einmal so, dass die Firmen, an die Sie
verkaufen, herausbekommen haben, dass es der beste und der
schnellste Weg ist, Geld gutzumachen, indem sie es geradewegs von
Ihnen nehmen.

**Versetzen Sie sich einen Moment in die Lage Ihrer Kunden. Sie ha-
ben drei Wege, ihren Profit zu erhöhen:**
- Der erste Weg ist es, mehr zu verkaufen, den Marktanteil zu erhöhen,
  indem sie sich Mitbewerbern gegenüber erfolgreich durchsetzen, indem sie veränderte oder neue Produkte herausbringen oder indem
  sie neue Märkte für sich erschließen.
- Der zweite Weg ist es, die Betriebskosten zu senken, indem sie
  Mitarbeiter kündigen oder sich auf einfache Betriebsausstattung und
  -technik beschränken.
- Der dritte Weg ist es – und das ist wesentlich einfacher –, bessere
  Verhandlungen mit Ihnen und anderen Lieferanten zu führen.

Warum Kunden heutzutage bessere Verhandler sind

//Kluge Kunden erfordern ein noch geschickteres Verhandeln

► Die Stellung der Einkäufer in den Firmen ist während der letzten Jahre stark aufgewertet worden. Immer mehr Einkäufer haben einen Hochschulabschluss, sie sind darüber hinaus speziell für ihre Aufgabe ausgebildet, haben einschlägige Trainings absolviert. Sie machen jetzt Geschäfte mit jemandem, der womöglich gerade einen Kurs »Verhandlungsstrategien für Einkäufer« hinter sich hat und der weiß, wie viel Nutzen er seiner Firma durch kluges Verhandeln bringen kann.

Ihre Chance in diesem Spiel der Kräfte liegt nun darin, selbst ein noch erfolgreicherer Verhandler zu werden.

Warum sich Ihr Einsatz lohnt

//Nirgendwo lässt sich schneller Geld verdienen als beim Verhandeln

► Gerade wenn Sie in einer Sparte tätig sind, in der geringe Gewinnspannen üblich sind, ist jeder herausgehandelte Euro für Sie den Einsatz an Zeit und Mühe wert.

Halten Sie sich vor Augen: Bei einer Gewinnspanne von 5 Prozent entspricht beispielsweise ein Betrag von 1 000 Euro einem Verkauf in Höhe von immerhin 20 000 Euro. Eine kleine Extraanstrengung beim Verhandeln kann also Ihren Gewinn beträchtlich erhöhen, indem Sie entweder einen Mehrpreis heraushandeln oder einen Minderpreis vermeiden. Bevor Sie irgendein Zugeständnis machen, stellen Sie sich die Frage: »Wie viel mehr Auftragsvolumen müsste ich erreichen, um bei einem niedrigeren Preis denselben Gewinn zu erzielen?«

Ihr »Stundenlohn« beim Verhandeln kann sich sehen lassen. Sie werden niemals schneller Geld verdienen als beim erfolgreichen Verhandeln. Bei größeren Aufträgen verdienen Sie sich unter Umständen durch geschicktes Taktieren in Sekunden eine stattliche Summe. Oft genug werden Sie einen ungeahnten Stundensatz erreichen, den Sie sich so schnell mit keiner anderen Tätigkeit verdienen könnten.

Eine andere Überlegung: Wenn Sie einem Kunden ein 1000-Euro-Zugeständnis machen, spielt es keine Rolle, ob es sich um ein 10 000- Euro-Geschäft oder ein 10 0000- Euro-Geschäft handelt. Es sind in jedem Fall 1 000 Euro, die Sie verschenken. Zur Veranschaulichung: Stellen Sie sich vor, es würden 1 000 Euro in der Mitte des Tisches liegen und Sie verhandeln darüber, wer sie einsteckt.

Wichtig für Sie ist, ein Gefühl dafür zu entwickeln, wie viel Ihnen Ihre Zeit wert ist. Verbringen Sie nicht eine halbe Stunde damit, über 20 Euro zu verhandeln (außer Sie tun es zu Übungszwecken). Bestimmen Sie, wie Sie den Wert einer Stunde Ihrer Zeit ansetzen, und fragen Sie sich in der jeweiligen Situation: »Bringt mir das, was ich gerade tue, mindestens diesen Betrag?«

Geben Sie dem Kunden das Gefühl, gewonnen zu haben

//Die Dialektik des Win-Win-Prinzips

► Sie wissen, dass das Ziel einer Verhandlung eine Win-Win-Lösung sein soll. Gesucht wird ein kreativer Weg, sodass beide Seiten mit dem Gefühl, gewonnen zu haben, vom Verhandlungstisch weggehen.

Beispiel: Lassen Sie mich das demonstrieren am Beispiel von zwei Personen, die dieselbe Orange für sich wollen. Sie sind beide frustriert, weil es nur diese eine Orange gibt. Sie diskutieren über mögliche Lösungen und kommen zu dem Schluss, dass es das Beste wäre, die Orange in der Mitte zu teilen und dann jeden für seine Hälfte entscheiden zu lassen, was er damit machen möchte. Um sicherzugehen, dass es fair abläuft, erwägen sie, dass einer schneiden wird und der andere wählen darf. Auch das wäre schon eine Lösung, bei der beide darauf bedacht sind, dass jede Partei gut abschneidet. Bevor sie jedoch zur Tat schreiten, kommen sie auf den Gedanken, über ihre jeweils zugrunde liegenden Bedürfnisse zu sprechen, und finden dabei heraus, dass der eine die Orange will, um daraus Saft zu machen, während der andere die Orange der Schale wegen will, die er für seinen Kuchenteig braucht. Daraus ergibt sich eine einfache Lösung für die sinnvolle Aufteilung der Orange. So haben die beiden auf eine wundersame Art und Weise einen Weg gefunden, wie beide gewinnen können und keiner der Verlierer ist.

Ja, sicher, im Verkaufsalltag ist solch eine magische Win-Win-Lösung eher die Ausnahme. Wenn Sie sich mit einem Kunden zusammensetzen, so will er doch das Gleiche wie Sie, nämlich den bestmöglichen Profit. Er will den niedrigsten Preis, Sie wollen den höchsten Preis erzielen. Dennoch werden wir sehen, dass es möglich ist, Win-Win-Situationen zu schaffen. Was gleich auf Anhieb einleuchtet: Der Kunde bekommt das, was Sie verkaufen – sei es ein Produkt oder eine Dienstleistung – und befriedigt damit ein Bedürfnis und Sie werden für Ihre Leistung bezahlt.

Lernen Sie, wie Sie vom Kunden bekommen, was Sie wollen, und ihm dennoch das Gefühl geben, dass er gewonnen hat. Ich meine damit nicht, den Kunden auszutricksen oder zu etwas zu bringen, was er überhaupt nicht will, was er nie tun würde, wenn er schlauer oder besser informiert gewesen wäre.

Wichtig: Einem erfolgreichen Verhandler gelingt es, am Verhandlungstisch zu gewinnen und dabei den Kunden in der Wahrnehmung zu lassen, dass er gewonnen hat.

Ziel ist es, dass der Kunde am nächsten Morgen nicht mit dem Gedanken aufwacht: »Jetzt weiß ich, was mir der Verkäufer angedreht hat! Na warte, wenn ich den das nächste Mal sehe!« Nein, er soll daran denken, wie viel Spaß ihm das Verhandeln mit Ihnen gemacht hat und dass er es kaum erwarten kann, Sie wiederzusehen.

Wenn Sie die Geheimnisse des erfolgreichen Verhandelns lernen und anwenden, werden Sie immer vom Verhandlungstisch weggehen, wissend, dass Sie gewonnen haben, und wissend, dass Sie Ihre Beziehung zum Kunden verbessert haben.

► Bedeutende Faktoren für die Verhandlung

b@w Was Ihren Einfluss bestimmt

//Ihre persönlichen Machtfaktoren

► Eine wichtige Rahmenbedingung für jede Verhandlung ist die Beziehung der Verhandlungspartner zueinander. Hier geht es um Autorität, Macht und Einfluss. Wenn Sie in eine Verhandlung einsteigen, haben Sie meist gleich zu Beginn ein Gefühl dafür, wie Ihre Aussichten auf einen erfolgreichen Abschluss sind. Dies kann variieren von einem vagen Gefühl der Zuversicht bis hin zur Gewissheit, dass es für Sie optimal laufen wird. Manchmal gründen sich Ihre Selbstsicherheit und Ihr Optimismus auf Fakten, zum Beispiel dann, wenn Sie wissen, dass Sie genau das haben, was Ihr Kunde braucht. Häufiger jedoch ist es eine eher subjektive Einschätzung. Diese entsteht allerdings nicht von ungefähr, sondern stützt sich auf Faktoren, die ich im Folgenden näher erläutern möchte. Wenn Sie die Zusammenhänge kennen, können Sie auf den Ablauf der Verhandlung entscheidend einwirken.

//Titel und Stellung

Autorität beruht unter anderem auf der Position, der Stellung oder dem Titel einer Person. Wenn Sie also einen klangvollen Titel haben, setzen Sie ihn auf Ihre Visitenkarte, Ihren Briefbogen, Ihr Namensschild, denn Titel beeindrucken Menschen und schaffen eine höhere Akzeptanz. Lassen Sie sich umgekehrt nicht einschüchtern, wenn Ihr Verhandlungspartner einen imposant klingenden Titel hat, denn einige dieser Titel bedeuten nicht viel. Und selbst wenn jemand tatsächlich eine höhere Position bekleidet, muss Sie dies nicht verunsichern.

//Name und Image

Viele Unternehmen setzen ganz gezielt ihren guten Namen ein, wenn sie verhandeln. Ich nenne diese Unternehmen gerne die »Dax 100«-Unternehmen. Sie verweisen auf ihren renommierten Namen und erwarten oftmals von ihren Lieferanten günstigere Konditionen mit dem Argument: »Dann können Sie uns ja auch in Ihrer Referenzliste aufführen.« Dann muss der Lieferant entscheiden, wie viel es ihm wert ist, das Unternehmen zu seinen Kunden zu zählen.

//Positionierung

Autorität erlangen Sie darüber hinaus über Ihre Marktpositionierung beziehungsweise die Ihres Unternehmens. Wenn Sie sagen können, dass Ihre Firma die größte oder die kleinste, die teuerste oder die preisgünstigste, die älteste oder die neueste, die mit dem breitesten oder die mit dem spezialisiertesten Angebot ist, dann nehmen Sie eine bestimmte Stellung ein, für die Sie anerkannt werden. Machen Sie sich darüber Gedanken, wie Sie sich vom Wettbewerb unterscheiden, worin Sie eine führende Stellung innehaben, in was Sie Experte sind. Jede Art von Positionierung verleiht Ihnen Profil. Jede Hervorhebung ganz besonderer Merkmale bringt Vorteile.

Beispiel: »Aus reinem Felsquellwasser gebraut!« Mit diesem Slogan wirbt eine deutsche Brauerei für ihr Bier und erreicht so einen höheren

Absatz, obwohl es Tatsache ist, dass mehrere Brauereien in Deutschland ihr Bier aus Felsquellwasser brauen. Dies zeigt, worum es geht: Sie müssen oftmals gar nicht besser sein als Ihre Mitbewerber, Sie müssen Ihre Stärke nur besser kommunizieren. Das ist genau der Grund, warum Verkaufen heute im Verdrängungswettbewerb so anders geworden ist. Natürlich ist die tatsächliche, die objektive Qualität nach wie vor wichtig, sie ist sozusagen die Grundvoraussetzung. Qualität ist unsere Eintrittskarte in den Markt oder in das Kundengespräch. Jedoch reicht Qualität allein nicht mehr aus. Qualität muss obendrein unbedingt wirkungsvoll und wirksam kommuniziert werden. Wir erleben ja leider immer wieder Situationen, in denen Verkäufer oder Unternehmen mit einem schlechten Leistungsspektrum dennoch den Auftrag erhalten, da sie besser in der Lage sind, sich positiv darzustellen.

//Umgebung

Wenn möglich, lassen Sie Ihren Verhandlungspartner zu sich kommen, wo Sie sich auf heimischem Boden bewegen. Wenn Sie zum Essen einladen, sollten Sie, wenn irgend möglich, die Wahl des Restaurants treffen. Grundsätzlich sollten Sie sich dort aufhalten, wo Sie sich sicher fühlen und die Situation unter Kontrolle haben.

Seien Sie darauf gefasst, dass Ihr Gegenüber mitunter auch versuchen wird, mit unlauteren Methoden zu arbeiten, die seine Machtstellung demonstrieren sollen und die dazu geeignet sind, Sie zu verwirren und Sie unkonzentriert werden zu lassen. Hier einige Beispiele: ein niedriger Stuhl für Sie, ein hoher Schreibtisch Ihres Gegenübers, eine schlechte Sitzordnung, Gegenlicht oder gar blendendes Sonnenlicht für Sie, Störungen durch Mitarbeiter, Unterbrechungen durch wiederholtes Telefongeklingel, Anrufe mit neuen Botschaften (potenzieller Kunde ist bereits unterwegs), warten lassen. Der Einfallsreichtum um Menschen zu verunsichern ist grenzenlos.

Lassen Sie sich nicht aus der Ruhe und nicht aus dem Konzept bringen. Vielleicht können Sie sogar einen neuen Gesprächstermin zu einem anderen Zeitpunkt an einem anderen Ort vorschlagen und damit signalisieren, dass Sie sich nicht allen Bedingungen unterwerfen.

//Belohnung und Bestrafung

Wenn Sie die Sichtweise haben, dass der Kunde Sie belohnt, indem er Ihnen einen Auftrag gibt, und bestraft, indem er Ihnen einen Auftrag vorenthält, geben Sie ihm Macht über sich. Sie fühlen sich demzufolge schwach und abhängig und sind umso unsicherer, je größer der Auftrag ist, um den Sie verhandeln. Betrachten Sie es anders: Sie sind der Beste in Ihrem Business. Sie haben einen guten Namen, verfügen über Experten-Know-how, bieten qualitativ hochwertige Produkte an. Nicht der Kunde belohnt Sie mit seinem Auftrag, Sie belohnen ihn, wenn Sie für ihn tätig werden.

Achtung: Natürlich dürfen Sie es nicht auf die Spitze treiben, weil es sonst schnell arrogant wirkt.

Wenn Ihr Gegenüber in der Lage ist, Sie mit irgendetwas empfindlich zu treffen, zu »bestrafen«, dann hat das logischerweise auf Sie eine einschüchternde Wirkung. Hierzu gehört auch die Macht, Sie in Verlegenheit zu bringen. Wenn Sie die Befürchtung haben, dass die andere Seite über die Höhe Ihres Eingangsangebotes lachen könnte, sind Sie bereits in der Falle. Setzen Sie sich einmal mit der Frage auseinander, ob Sie durch die Angst davor, sich lächerlich zu machen, von etwas abgehalten werden, was Sie verwirklichen möchten. Begrenzen Sie sich nicht von vornherein. Trauen Sie sich, Neues auszuprobieren, und Sie werden neue Erfahrungen machen. Sie werden staunen, was alles akzeptiert wird.

Natürlich gibt es Kunden, die auf Ihre Vorstellungen nicht eingehen, dafür gibt es andere, die sich von Ihnen überzeugen lassen. Es

gilt das Gesetz der großen Zahl: Wenn Sie zahlreiche Kontakte verfolgen, werden Sie unabhängig davon, ob der Einzelne zustimmt
oder ablehnt, weil Sie genügend andere potenzielle Kunden zur
Verfügung haben.

Sicher argumentieren Sie im Kundengespräch mit dem Nutzen
Ihres Produktes oder Services (Prinzip der Belohnung). Sie haben
aber außerdem durchaus auch die Möglichkeit darzulegen, was dem
Kunden für Nachteile entstehen, wenn er beim Mitbewerber kauft
statt bei Ihnen (Prinzip der Bestrafung). Geschickt und in Maßen
eingesetzt, steigert dies Ihre Überzeugungskraft.

Wenn der Kunde versucht, Ihnen gegenüber eine Machtstellung
einzunehmen, indem er gönnerhaft mögliche Vergünstigungen an-
deutet oder Härten androht, nehmen Sie es zur Kenntnis und lassen
Sie sich davon nicht irritieren oder ablenken. Bleiben Sie bei den
wesentlichen Punkten der Verhandlung und zeigen Sie sich unbe-
eindruckt von in Aussicht gestellter »Belohnung« oder
»Bestrafung«.

Ihre Einstellung macht den Unterschied. Sie entscheiden, welche
Machtstellung Sie Ihrem Verhandlungspartner einräumen.

Achtung: Hüten Sie sich jedoch in jedem Fall davor, sich als
Bittsteller zu sehen, der auf einen ersehnten Auftrag hofft. Seien Sie
sich Ihres Wertes bewusst. Der Kunde hat ebenso seinen Vorteil von
dem Vertragsabschluss wie Sie.

//Ehrenhaftigkeit

Eine natürliche Autorität besitzt derjenige, der beständige Werte
vertritt. Sie können großen Einfluss gewinnen, wenn Sie zuverläs-
sig, integer, berechenbar und vertrauenswürdig sind. Menschen, die
Rückgrat zeigen und zu sich selbst stehen, wirken überzeugend.
Wenn Sie bereit sind, für Ihre Prinzipien einzustehen, selbst wenn
Sie damit einen finanziellen Verlust riskieren, wird Ihnen dies

Achtung, Bewunderung und möglicherweise sogar Zuneigung einbringen.

Haben Sie ruhig einmal den Mut, zum Kunden zu sagen: »Nein,
das werde ich Ihnen nicht verkaufen, es wäre nicht zu Ihrem
Besten!«, wenn Sie dies aufgrund Ihrer Fachkompetenz so einschätzen. Langfristig beschert Ihnen derartige Prinzipientreue ein hohes
Maß an Akzeptanz und eine starke Position in Ihren Verhandlungen.

Achtung: Seien Sie vorsichtig, dass Sie nicht Prinzipien aufstellen
und diese später selbst brechen. Das gefährdet Ihre Glaubwürdigkeit.

//Charisma

Sicher haben Sie selbst schon Persönlichkeiten getroffen, die eine
überwältigende Ausstrahlung, eben Charisma, haben. Solche
Menschen haben geradezu hypnotische Fähigkeiten, andere in ihren
Bann zu schlagen. Das gibt ihnen natürlich eine ganze Menge
Einfluss, sogar Macht. Überprüfen und optimieren Sie also Ihre
Ausstrahlung und Ihr Charisma. Andererseits sollten Sie diesen
Punkt auch nicht überbewerten. Sicher ist Ihr Kunde eher bereit,
Ihnen einen Auftrag zu erteilen, wenn er Sie sympathisch findet
und Sie mag; aber er ist sicher zu intelligent, um sich von einer be-
eindruckenden Persönlichkeit blenden zu lassen. Alle anderen
Punkte (Qualität, Preis, Konditionen etc.) müssen ganz einfach auch
stimmen. Mit Charisma allein lässt sich sicher kein Vertragsabschluss erzielen.

//Kompetenz

Voraussetzung für Ihre Sicherheit und Überzeugungskraft in der Verhandlung sind Ihr profundes Wissen über Produkte, Preise, Begleitumstände sowie Ihr betriebswirtschaftliches Wissen. Wenn Sie Ihrem Gegenüber vermitteln, dass Sie auf einem bestimmten Gebiet mehr Sachkenntnis haben als andere, dass Sie genau der Experte sind, der gerade gebraucht wird, gewinnen Sie an Einfluss.

Juristen und Mediziner sind gute Beispiele für anerkannte und hoch angesehene Fachleute. Interessant ist die Beobachtung, dass beide Berufsgruppen ihre Stellung durch die jeweilige Fachsprache unterstreichen. Natürlich ist es so, dass ihnen allein schon durch Ihre berufliche Position eine gewisse Autoritätsstellung sicher ist.

Es kann übrigens durchaus vorkommen, dass der Kunde in manchen Dingen mehr weiß als Sie; erkennen Sie dies an, aber lassen Sie sich davon nicht einschüchtern. Bleiben Sie auch dann gelassen, wenn Ihre Sachkenntnis angezweifelt wird. Antworten Sie: »Das ist nicht mein Spezialgebiet, aber Sie können in die Kompetenz und Erfahrung unserer Fachabteilung vollstes Vertrauen haben.«

Wenn Sie Ihre Fachkompetenz überzeugend darstellen, kann es sein, dass der Kunde Sie um Rat fragt: »Was meinen Sie, was wir tun sollen? Sagen Sie es uns, Sie sind der Experte.« Damit haben Sie großen Einfluss auf die Verhandlung.

//Kenntnisstand

Informationen auszutauschen schafft Verbindung. Das Zurückhalten von Informationen bringt Verärgerung und hat zum Ziel, den anderen klein zu halten. Jeder Mensch hat ein großes Bedürfnis nach Wissen. Nicht umsonst heißt es »Wissen ist Macht«.

Informationen vorzuenthalten kann sehr einschüchternd wirken. Wenn Sie mit mehreren Personen verhandeln und zwischendurch gebeten werden, doch für eine Weile draußen zu warten, damit sich die anderen beraten können, werden Sie sich unwohl fühlen. Wir finden es schrecklich, Dinge nicht mitzubekommen, die uns angehen. Es kann gut sein, dass dies ein Verhandlungstrick ist, der Sie in der Situation schwächen soll. Wenn Sie dies als Taktik erkennen, werden Sie schon viel weniger eingeschüchtert sein.

//Beziehungen

Eine große Rolle spielen Beziehungen. Der Begriff Beziehungsmanagement ist heute in aller Munde. Nicht umsonst! Fragen Sie sich: Welche Beziehungen zu dem Entscheider und/oder anderen Personen in der Branche, der Umgebung oder innerhalb desselben Netzwerkes haben Sie?

Wenn Sie bereits eine gute Beziehung zu Ihrem Kunden aufgebaut haben und ein Vertrauensverhältnis besteht, ist das eine hervorragende Voraussetzung für eine aussichtsreiche Verhandlung.

Wichtig: Schaffen Sie sich Ihr Beziehungsnetzwerk, das Ihnen für Ihren verkäuferischen Erfolg nützlich sein kann.

Fazit: Eine Kombination aus den persönlichen und den fachlichen Faktoren – den Soft Skills und Hard Skills – lässt Sie insgesamt an Autorität gewinnen und sorgt dafür, dass Sie in Verhandlungen die Fäden in der Hand behalten.

Ihr Nutzen: Machen Sie Bestandsaufnahme bei all den genannten Faktoren und nutzen Sie hierzu den zum Buch gehörigen Internet-Workshop. Wo liegen Ihre Stärken und wo Ihre Schwachpunkte? Sie können an sich arbeiten und sich ständig verbessern. Analysieren Sie Verhandlungssituationen und finden Sie heraus, woran es liegt, dass Sie sich manches Mal selbstsicher und ein anderes Mal unsicher fühlen. Wichtig: Bauen Sie Ihre Stärken aus und setzen Sie sie noch bewusster und gezielter ein.

Wissen ist Macht

//Sammeln Sie Informationen. Aber relevante!

► In einer Verhandlung ist die Seite, die über die besten Informationen verfügt, im Vorteil. Je mehr Informationen Sie über Ihren Kunden zusammengetragen haben, desto besser stehen Ihre Chancen für einen erfolgreichen Abschluss.

Es ist erstaunlich, wie wenig Zeit die meisten Menschen darauf verwenden, alles Wissenswerte herauszufinden, bevor sie mit der Verhandlung beginnen, obwohl die Bedeutung von Informationen so offensichtlich ist. Viele stürzen sich in eine Verhandlung, in der es um Tausende geht, ohne angemessen recherchiert zu haben. Machen Sie es besser: Bereiten Sie sich auf jede Verhandlung gründlich vor, indem Sie Informationen zusammentragen, die Ihnen nützlich sein können.

Achten Sie bei der vorbereitenden Recherche darauf, dass Sie nicht nur die Fragen stellen: »Was interessiert mich?«, »Was muss ich vorab noch über dieses Unternehmen wissen?«. Sondern stellen Sie sich gleichzeitig auch die Frage »Was könnte mein Gegenüber in der Verhandlung interessieren?«, um ihm entsprechende Informationen an die Hand geben zu können und ihm damit einen deutlichen Nutzen zu bieten. So bekunden Sie Interesse an der Person und demonstrieren gleichzeitig Ihre Kompetenz.

b@w //Empfehlungen für das Sammeln von Informationen

01. Haben Sie keine Scheu zuzugeben, dass Sie etwas nicht wissen

Warum sammeln Menschen nur widerwillig Informationen? Weil sie dann zugeben müssen, dass sie bestimmte Dinge nicht wissen. Und das widerstrebt den meisten außerordentlich. Stattdessen mühen sie sich, Fragen irgendwie selbst zu beantworten. Dabei gibt es viele Fragen, bei denen es überhaupt keine Schande ist zuzugeben: »Das weiß ich nicht.« Also heißt die erste Empfehlung: Geben Sie zu, dass Sie etwas nicht wissen, und gestehen Sie ein, dass alles, was Sie wissen, falsch sein könnte.

02. Haben Sie keine Scheu, Fragen zu stellen

Viele Menschen scheuen sich, Fragen zu stellen, weil sie befürchten, den anderen damit zu verärgern. Dann lautet die vorsichtige Frage höchstens: »Dürfte ich Sie vielleicht etwas fragen?« Mein Vorschlag: Statt all der Vorreden und Einleitungen stellen Sie einfach direkt die Frage, auf die Sie gerne eine Antwort hätten. Wenn der andere Ihnen etwas nicht sagen will, wird er es auch nicht tun.

Ein großer Irrglauben ist, dass Menschen ungern Auskunft geben. Ganz im Gegenteil: Sie erleben es immer wieder, zum Beispiel wenn Sie Menschen nach dem Weg fragen oder wenn Sie Menschen nach ihren Erfahrungen, Vorgehensweisen oder Strategien fragen. Die meisten Menschen geben bereitwillig Auskunft. Nicht nur das, sie fühlen sich in dieser Situation auch noch wohl, denn jeder Mensch wird gerne gebraucht, und das empfindet er, wenn er mit einer Auskunft helfen oder aus seinem Erfahrungsschatz berichten kann.

03. Stellen Sie Ihre Fragen am richtigen Ort

Wenn Sie den Kunden in seinen Geschäftsräumen treffen, so ist dies vielleicht der am wenigsten geeignete Ort, um Hintergrundinformationen zu bekommen. Menschen sind oft in ihrem Arbeitsumfeld befangen und immer vorsichtig mit dem Weitergeben von Informationen. Holen Sie die Menschen aus ihrem Umfeld heraus und die Informationen fließen viel leichter. Sie stimmen mir sicher zu, dass Ihr Kunde Ihnen ganz andere Dinge erzählen wird, wenn Sie mit ihm beim Essen zusammensitzen oder mit ihm Golf spielen. Manchmal reicht es auch schon, ihn in die Kantine auf eine Tasse

Kaffee einzuladen, um die Anspannung zu lösen und den Informationsfluss in Gang zu bringen.

04. Stellen Sie Ihre Fragen den richtigen Leuten

Eine weitere Möglichkeit an Informationen zu gelangen ist die über Menschen im Umfeld Ihres Verhandlungspartners.

– Sie können Leute befragen, die schon mit Ihrem Kunden Geschäfte gemacht haben. Sie werden erstaunt sein, wie hoch hier die Bereitschaft ist sich mitzuteilen. Finden Sie heraus, wer schon Lieferant Ihres Kunden war oder ist, und sprechen Sie mit den zuständigen Verkäufern.

– Eine gute Idee ist es auch, Leute einer anderen Hierarchieebene zu fragen. Sprechen Sie statt mit dem Hauptstellenleiter zunächst mit dem Zweigstellenleiter. Er wird Ihnen einiges mitteilen, was für Sie von Interesse ist: Wie in der Firma Entscheidungen getroffen werden, welches die ausschlaggebenden Kriterien sind für die Lieferantenauswahl, welche Spezifikationen erwartet werden und vieles andere mehr. Lesen Sie während einer solchen Unterhaltung auch zwischen den Zeilen.

– Genauso nützlich kann es sein, höher gestellte Persönlichkeiten zu kontaktieren und über sie möglicherweise Hintergrundinformationen über Strategien oder zukünftige Strategien zu erfahren. – Denken Sie daran: Die Treppe wird von oben gekehrt!

– Nutzen Sie die Gruppe der Gleichrangigen als Informationsquelle. Die Menschen haben die natürliche Neigung, Informationen mit ihresgleichen zu teilen.

Auf einer Party wird ein Anwalt mit einem anderen Anwalt über seine Fälle sprechen. Er würde es hingegen als unethisch betrachten, dieselben Informationen an andere Personen weiterzugeben. Ein Arzt wird mit einem anderen Arzt durchaus über seine Patienten sprechen, nicht aber mit jemandem außerhalb seines Berufsstandes.

05. **Nutzen Sie geeignete Informationsquellen**

Es gibt eine ganze Reihe von professionellen Informationsquellen und Informationsbeschaffungsdiensten. Diese Dienste geben Ihnen ungeahnte Möglichkeiten, Verschiedenes zu entdecken und herauszufinden.

Eine Liste von nützlichen Tipps und Internet-Adressen für Markt- und Markenrecherchen finden Sie im Internet-Workshop zu diesem Buch unter www.book-at-web.de.

Seien Sie sich bewusst, wie enorm das Internet heute zu unserem Wissen beitragen kann. Da empfiehlt sich zunächst, die Homepages der einzelnen Gesprächspartner zu besuchen, dann diverse Produktnamen oder Ansprechpartner-Namen über Suchmaschinen zu suchen. Sie werden feststellen, wie viel nützliche Informationen Sie auf diese Weise herausfinden können.

Fazit: Legen Sie die Scheu ab, Fragen zu stellen. Fragen Sie auch, wenn Sie glauben, dass man Ihnen nicht antworten wird, und auch, wenn Sie glauben, die Antwort schon zu kennen. Über direkte Fragen an Informationen zu kommen, Ihr Wissen zu ergänzen oder zu überprüfen, ist naheliegend und unglaublich einfach. Fragen Sie auch mal in anderer Umgebung und fragen Sie auch mal andere Menschen. Machen Sie sich schlau übers Internet.

Ihr Nutzen: Überlegen Sie sich einmal in Ruhe, welche Informationen im Zusammenhang mit einer bevorstehenden Verhandlung für Sie nützlich sein könnten. Welche Wege sehen Sie, an diese Informationen zu gelangen?

Der Faktor Zeit

b@w //Wie Sie mit Zeitdruck umgehen

► Immer wieder kann man es in Verhandlungen beobachten: Meist vergeht erst einmal eine lange Zeit, in der kein wesentlicher Fortschritt in Richtung Einigung erzielt wird. Werden zu Beginn einer Verhandlung Forderungen gestellt, erklärt sich keiner zu nennenswerten Zugeständnissen bereit. Eher würde die Verhandlung scheitern. Beide Seiten mauern und es findet kein Geben und Nehmen statt.

Sobald aber die Zeit eng wird, werden die zur Diskussion stehenden Punkte angepackt und die Verhandlungspartner unternehmen Schritte aufeinander zu. Tauchen am Ende der Verhandlung zusätzliche Probleme oder Forderungen auf, sind beide Seiten weitaus eher geneigt, Zugeständnisse zu machen. Ist man sich im Prinzip schon einig, werden die Dinge, die noch geklärt werden müssen, flexibler gehandhabt.

Dabei wissen wir schon längst aus der Projektplanung, dass in einem Projekt ein verlorener Tag eben immer ein verlorener Tag ist. Dennoch wird ein verlorener Tag am Anfang eines Projektes weniger schmerzvoll als gegen Ende eines Projektes wahrgenommen. Die subjektive Wahrnehmung der Wertigkeit der Zeit beginnt sich also mit zunehmendem Zeitdruck zu erhöhen.

Ein Erfahrungswert ist: 80 Prozent der Zugeständnisse werden in den letzten 20 Prozent der Verhandlungszeit gemacht. Unter Zeitdruck machen Menschen Zugeständnisse, die sie normalerweise nicht machen würden.

Kinder wissen das. Über die Jahre hinweg haben sie ihre Erfahrungen im Verhandeln mit Erwachsenen gemacht und haben gelernt, dass jemand, der unter Zeitdruck steht, häufig viel flexibler reagiert. Sie sind nicht kühl berechnend und überlegen auch nicht, wie sie manipulieren können. Eher setzen sie dieses Wissen intuitiv ein. So erbitten Ihre Kinder zum Beispiel etwas von Ihnen, wenn Sie gerade zur Tür hinaus wollen. Und haben damit oft genug Erfolg.

Achtung: Einige Kunden setzen den Zeitdruck durchaus bewusst ein. Sie warten bis zur letzten Minute, um dann bestimmte Punkte anzusprechen, weil sie wissen, dass Sie dann viel nachgiebiger sind.

Ist es Ihnen auch schon so gegangen, dass Sie unter Zeitdruck Zugeständnisse gemacht haben, die Sie anschließend bereut haben? Das können Sie künftig vermeiden. Sie haben schließlich nichts zu verschenken. Nutzen Sie die gesamte zur Verfügung stehende Verhandlungszeit, um alle wichtigen Punkte so, wie sie auftauchen, zu besprechen und auszuhandeln. Wenn die andere Seite zu Ihnen sagt: »Das dürfte kein großes Problem sein, das können wir später besprechen!«, sollten bei Ihnen die Warnlichter angehen. Verschieben Sie nichts auf ein unbestimmtes »Später«. Später drängt die Zeit, genau das wollen Sie ja vermeiden.

Wenn Sie verhandeln, sollten Sie nicht verlauten lassen, dass Sie zu einem bestimmten Zeitpunkt aufbrechen müssen. Haben Sie zum Beispiel einen Rückflug gebucht und Ihr Kunde ist darüber informiert, so lassen Sie ihn wissen, dass Sie auch noch die spätere Maschine nehmen können, sodass genug Zeit bleibt, einen Vertragsabschluss auszuarbeiten, der beide Seiten zufrieden stellt. Anderenfalls könnte die andere Seite so taktieren, dass sie den wesentlichen Teil der Verhandlung bis zur letzten Minute hinauszögert, um Sie unter Zeitdruck zu setzen.

Beispiel: Ich kann mich gut an ein Verkaufsgespräch erinnern, das ich einmal führte und das einen bestimmten zeitlichen Rahmen hatte, weil ich einen festen Flug gebucht hatte, was auch mein Gesprächspartner wusste. Gegen Ende des Gesprächs war ich schon sehr stark auf den Flug fixiert. Mein Gegenüber hatte gut taktiert und damit gerechnet, dass ich am Ende zu größeren Zugeständnissen bereit sein würde, nur damit ich schnell einen Abschluss erziele und mein Flugzeug erreiche.

Im Nachhinein wurde mir klar, dass ich, selbst wenn ich den Flug storniert und eine Hotelübernachtung bezahlt hätte und am nächsten Morgen geflogen wäre, immer noch einen größeren Profit gemacht hätte, als ich es unter diesen Umständen getan habe.

Mir ist dabei aufgefallen, dass wir es oftmals versäumen, dagegenzurechnen: was investieren wir und welchen Preis müssen wir bezahlen? Würden wir es schaffen, die Situation genau zu analysieren, dann wäre uns klar, welche Aktion welchen Wert hat, und wir könnten entsprechend handeln.

//Mit viel Zeit können Sie viel erreichen

Hier noch ein weiterer Aspekt: Je länger eine Verhandlung dauert, umso mehr Gelegenheit haben Sie, Einfluss auf Ihr Gegenüber zu nehmen, und umso wahrscheinlicher wird es, dass sich seine Sichtweise ändert. Umso leichter wird es auch, Zugeständnisse zu erhalten. Nach dem Motto: Steter Tropfen höhlt den Stein. Wenn es also in einer Verhandlung etwas gibt, wozu Sie Ihren Kunden nur schwer bewegen können, so wird dies ganz sicher nicht im Hauruck-Verfahren funktionieren. Wer auf diese Weise verhandelt, gerät damit allzu leicht in eine frustrierende Verhandlungssackgasse. Versuchen Sie daher keinesfalls die andere Seite mit Gewalt umzustimmen. Mit Geduld und Zeit können Sie ganz viel erreichen und manche Meinung ändern.

Achtung: Das zuvor Gesagte gilt für beide Seiten. Je mehr Zeit Sie in einer Verhandlung verbringen, desto wahrscheinlicher wird es auch, dass Sie den Vorschlägen der anderen Seite zustimmen. Also seien Sie vorsichtig, dass nicht Sie es sind, der die großen Zugeständnisse macht.

//Ihre Investition an Zeit

Die Gefahr, zu viel nachzugeben, besteht gerade dann, wenn es Sie – in welcher Weise auch immer – große Anstrengungen gekostet hat, den Termin zu arrangieren. Dann sind Sie natürlich entschlossen sich anzustrengen und alle Ihre Ziele zu erreichen.

Achtung: Passen Sie auf: Läuft es dann nicht so gut, wie Sie es sich erhofft haben, und ziehen sich die Verhandlungen endlos hin, ohne dass greifbare Ergebnisse erzielt werden, kommt irgendwann der Moment, in dem Sie Gefahr laufen, Zugeständnisse zu machen, die Ihnen ansonsten niemals in den Sinn gekommen wären.

Wie kann es dazu kommen? Weil eine innere Stimme Ihnen suggeriert: »Es kann doch nicht sein, dass ich all die Zeit und Mühe investiert habe, um jetzt unverrichteter Dinge wieder zu gehen. Es muss doch möglich sein, hier noch einen Abschluss zustande zu bringen.« Wenn Sie einen solchen Punkt erreicht haben, an dem Sie nicht mehr bereit sind, aufzustehen und zu gehen, haben Sie verloren! Bleiben Sie wachsam. Prüfen Sie zu jedem Zeitpunkt die Bedingungen einer Vereinbarung ganz nüchtern und fragen Sie sich: »Soll ich unter diesen Umständen weitermachen?« Und seien Sie bereit auszusteigen, wenn es keinen Sinn mehr für Sie macht. Ignorieren Sie, was Sie bis dahin investiert haben, und werfen Sie aussichtslosen Verhandlungen nicht noch mehr Ihrer wertvollen Zeit und Ihres guten Geldes hinterher. Es ist viel billiger für Sie, Ihre Investitionen abzuschreiben, als ein Geschäft weiter voranzutreiben, das nicht mehr vorteilhaft für Sie ist.

Fazit: Die Zeit kann für Sie oder gegen Sie arbeiten. Vermeiden Sie Zeitdruck auf jeden Fall, wenn Sie in der schwächeren Position sind. Nutzen Sie die zur Verfügung stehende Verhandlungszeit, um die einzelnen Punkte unmittelbar zu klären. Schreiben Sie bereits investierte Zeit, wenn es sein muss, auch mal ab.

Ihr Nutzen: Welche eigenen Erfahrungen haben Sie schon mit Zeitdruck gemacht? Welche Lehren haben Sie für sich daraus gezogen? Wie können Sie den Faktor Zeit zu Ihren Gunsten einsetzen?

Was einen erfolgreichen Verhandler auszeichnet

//Verhandlungsgeschick ist lernbar

► So, wie ich es sehe, gibt es nicht den »geborenen« Verhandler. Ein erfolgreicher Verhandler zeichnet sich durch bestimmte Fähigkeiten und Überzeugungen aus. Dabei handelt es sich um Fähigkeiten, die Sie erlernen, und um Überzeugungen, zu denen Sie gelangen können. Manches entspricht Ihnen vielleicht mehr, anderes weniger, manches ist Ihnen vertraut und fällt Ihnen von Anfang an leicht, anderes ist ungewohnt und braucht etwas Übung.

Sehen wir uns einmal an, was einen erfolgreichen Verhandler kennzeichnet.

//Erfolgreiche Verhandler besitzen Integrität

Sie sind geradlinig und aufrichtig. Sie widerstehen der Verführung, sich einen unangemessenen Vorteil daraus zu verschaffen, wenn Kunden in Schwierigkeiten sind oder ein Informationsdefizit haben.

Wenn es etwas gibt, was den Kunden, wenn er es wüsste, sicher vom Kauf abhalten würde, dann verschweigen Sie es nicht. Haben Sie die Integrität, immer eine Win-Win-Lösung anzustreben! Seien Sie konsequent ehrlich und fair.

Damit meine ich nicht, dass Sie aus lauter Wohltätigkeit Zugeständnisse machen sollen, die Sie teuer zu stehen kommen.

Suchen Sie Wege, wie Sie entgegenkommen können, ohne dass Sie sich von Ihrer Position völlig abbringen lassen. Vergessen Sie nicht: Es ist vollkommen in Ordnung, dass Sie mit Gewinn verkaufen. Das ist schließlich der Sinn Ihrer Tätigkeit.

//Erfolgreiche Verhandler haben eine positive Grundeinstellung

Sie gehen ohne Vorbehalte und positiv auf alle Verhandlungen zu. Eine positive Einstellung ist eine Grundvoraussetzung, um Erfolg zu haben.

Machen Sie sich frei von allen behindernden negativen Vorstellungen und Glaubenssätzen wie »Dies ist sicher ein schwieriger Fall!«, »Der Zeitpunkt für das Gespräch ist sicher schlecht gewählt!«, »Darauf wird der Kunde niemals eingehen!«, »Sicher macht die Konkurrenz ein viel besseres Angebot!«, »Ich werde meine Forderungen niemals durchsetzen können!«, »So einfach kann das ja nicht gehen!« usw. usw. Damit machen Sie ein positives Verhandlungsergebnis unmöglich, denn Ihre Gedanken ziehen unweigerlich die Realität nach sich.

Klopfen Sie sich nach jedem gelungenen Verhandlungsschritt selbst auf die Schulter und beglückwünschen Sie sich: »Ich kann hervorragend mit dem Kunden und mit der Verhandlungssituation umgehen und es wird mir gelingen, einen glänzenden Abschluss zu erzielen.« Eine positive Programmierung dieser Art wirkt Wunder.

//Erfolgreiche Verhandler identifizieren sich mit der eigenen Tätigkeit

»Nur wer selbst brennt, kann andere entzünden.« Dieses bekannte Zitat von Augustinus bringt auf den Punkt, dass die Identifikation des Verkäufers mit seiner Tätigkeit und mit seinem Produkt eine maßgebliche Voraussetzung für seinen Erfolg ist. Wenn Sie bei Ihrer Preisforderung ein schlechtes Gewissen haben, führt das dazu, dass Sie unsicher wirken. Sie können andere nur dann überzeugen, wenn Sie selbst überzeugt sind. Erst wenn Sie Ihre Produkte und Preise selbst gedanklich »gekauft« haben, dann können Sie diese anderen verkaufen.

Seien Sie sich bewusst, dass Sie etwas Wertvolles zu bieten haben und dass sowohl Sie als auch der Kunde von dem Vertragsabschluss profitieren können.

Ein ganz praktischer Tipp: Vermeiden Sie Formulierungen im Konjunktiv. »Inwieweit käme das für Sie infrage?« »Wäre Ihnen das recht?« »Dürfte ich Folgendes vorschlagen?« Sie zeugen von schwacher Identifikation und Unsicherheit. Stattdessen: »Das wird Ihnen zusagen!«, »Sie sind damit einverstanden?«, »Was halten Sie davon?«.

Glauben Sie daran: Der Kunde wünscht sich einen selbstbewussten und souveränen Verhandlungspartner.

//Erfolgreiche Verhandler haben Mut

– **Mut, mehr zu verlangen, als sie erwarten.**
Uns allen fehlt oft der Mut, weil wir den Spott fürchten. Es gilt, die Furcht, sich mit einer hohen Forderung der Lächerlichkeit preiszugeben, zu überwinden. Sie müssen in der Lage sein, Ihre maximal glaubwürdige Position sicher vorzutragen und sich dafür nicht zu rechtfertigen. Seien Sie zur Not auch bereit, den Verhandlungstisch wieder zu verlassen, wenn Sie nicht das bekommen, was Sie wollen. (Siehe auch Kapitel 3.1)

– **Mut, alles, was die Gegenseite sagt, infrage zu stellen.**
Geben Sie sich nicht mit bruchstückhaften Informationen zufrieden. Stellen Sie keine Vermutungen an, sondern hinterfragen Sie und tragen Sie alle Informationen zusammen, die Sie brauchen. Stellen Sie

auch unangenehme Fragen, bei denen Sie das Gefühl haben, dass die andere Seite sie nicht beantworten wird. Auch wenn Sie keine Antwort bekommen, können Sie doch aus der Reaktion auf Ihre Frage Ihre Schlüsse ziehen. Stellen Sie dieselbe Frage verschiedenen Leuten, stellen Sie sie zu verschiedenen Zeitpunkten. Und Sie werden wertvolle Informationen gewinnen. (Siehe auch Kapitel 2, »Kenntnisstand« und »Wissen ist Macht«)

//Erfolgreiche Verhandler haben Geduld

Geduld ist ein wichtiges Merkmal. Gute Verhandler sind entgegen aller Vorurteile keine harten, rücksichtslosen Menschen, die jeden unbarmherzigen Trick anwenden, um ihren Verhandlungspartner über den Tisch zu ziehen. Gute Verhandler sind sehr geduldige Menschen, die sich nicht aus der Ruhe bringen lassen, nicht durch Zeitdruck, nicht durch festgefügte Erwartungen ihres Umfelds. Es braucht manches Mal eine gute Portion Geduld, um ein Geschäft abzuschließen, das zur Zufriedenheit beider Seiten ausfällt.

//Erfolgreiche Verhandler sind gute Zuhörer

Nur ein guter Zuhörer kann die wahren Bedürfnisse der anderen Seite herausfinden. Und nur wer die wahren Bedürfnisse kennt, kann zu einer Win-Win-Lösung gelangen. Hier einige Tipps zum Thema Zuhören:

– Konzentrieren Sie sich auf das, was der Kunde sagt. Hören Sie »aktiv« zu. Geben Sie zusammenfassend in eigenen Worten wieder, was Sie verstanden haben. Ihr Gegenüber fühlt sich wahrgenommen und ernst genommen und hat die Gelegenheit, die Ausführungen zu ergänzen oder richtig zu stellen.

— Halten Sie sich fürs Erste mit Ihrer Wertung über die Person und über die Inhalte des Gesagten zurück, bis der andere fertig ist. Nur so sind Sie offen für das, was Sie hören, und nur so gewinnen Sie wirklich Informationen und neue Einsichten. Später können Sie immer noch entscheiden, wie Sie darüber denken, und Ihren eigenen Standpunkt und Ihre Argumente darlegen. Seien Sie sich bewusst, wie stark Ihre persönlichen Sichtweisen und Ihre Vorurteile dem, was Sie hören, eine entsprechende Färbung geben.

— Steigern Sie Ihre Aufnahmefähigkeit, indem Sie sich während des ganzen Gespräches Notizen machen. Dies erspart Ihnen spätere Rückfragen und es vermittelt dem Kunden, dass Sie sich dafür interessieren, was er sagt. Ein weiterer Vorteil: Wenn der Kunde sieht, dass Sie mitschreiben, wird er noch präziser formulieren, was er Ihnen mitteilen will.

— Lassen Sie auch als guter Zuhörer Unrat manchmal vorbeischwimmen. Will heißen: Überhören Sie Dinge, wenn sie unbedeutend sind, zu sehr vom Thema ablenken oder das gute Gesprächsklima zerstören würden. In solchen Situationen sind Sie ein guter Zuhörer, wenn Sie ein schlechter Zuhörer sind und nicht auf alles Gesagte eingehen.

//Erfolgreiche Verhandler stellen sich auf ihr Gegenüber ein

Ein altbekannter Ratschlag besagt, man solle andere so behandeln, wie man selbst behandelt werden möchte. Hierin steckt sicher ein wahrer Kern, wenn wir damit meinen, dass wir anderen aufmerksam, wohlwollend und wertschätzend begegnen sollten. Wenn wir allerdings automatisch davon ausgehen, dass unser Gegenüber denselben Umgangston, denselben Gesprächsstil bevorzugt wie wir, dieselben Neigungen und Interessenschwerpunkte hat wie wir, liegen wir meist total daneben. Die bessere Empfehlung lautet, den anderen so zu behandeln, wie *er* es möchte, wie es ihm entspricht!

Machen Sie sich bewusst, dass die Menschen ganz unterschiedlich sind in ihrer Wesensart, in ihrem Naturell. Es ist einleuchtend, dass ich einen nüchternen, faktenorientierten Menschen mit blumigen Geschichten nicht erreiche, sondern eher mit knappen und fundierten Argumenten überzeuge; dass ein zurückhaltender, ernster Mensch mit Witzchen und Jovialität wenig anzufangen weiß, sondern Sachlichkeit und höfliche Distanz schätzt. Und dass umgekehrt ein kontaktfreudiger, offener Mensch in einer lockeren und ungezwungenen Gesprächsatmosphäre viel eher an einen Abschluss denkt, als wenn es ganz steif und formell zugeht.

Ich will an dieser Stelle keine Abhandlung über menschliche Typologien schreiben. Es gibt darüber jede Menge Literatur. Ich möchte Sie hier lediglich für dieses Thema sensibilisieren, Sie anregen sich auf Ihr Gegenüber einzustellen.

//Erfolgreiche Verhandler haben Überzeugungskraft

Überzeugen kann man mit guten Argumenten. Doch wie findet man gute Argumente? Um das richtige Argument zum richtigen Zeitpunkt parat zu haben, sollten Sie sehr gut vorbereitet sein und sich zahlreiche Argumente zurechtgelegt haben.

Beispiel: Wenn Sie mit Ihrer Frau darüber verhandeln, wohin es in den nächsten gemeinsamen Urlaub geht, und sie hat sich zwei Wochen lang darauf vorbereitet, Sie von einem Urlaub in Grönland zu überzeugen, während Sie unvorbereitet mit dem vagen Wunsch nach dem Reiseziel Zypern in das Gespräch einsteigen, dann können Sie sich sicher vorstellen, wohin die Urlaubsreise geht!

Je mehr Argumente Sie im Kopf haben, desto leichter können Sie diese auch formulieren. Sie können dann auch verschiedene Punkte untereinander verbinden und daraus einen neuen Punkt ableiten. So entwickeln Sie Argumentationsketten, mit denen sich der Nutzen im Kundenkopf immer weiter verdeutlicht.

Erfolgreiche Kommunikation orientiert sich immer an den Bedürfnissen des Gegenübers. Argumente und Erläuterungen sind dann gut, wenn Sie für den anderen verständlich und hilfreich sind. Stellen Sie daher nicht nur Behauptungen auf, sondern argumentieren Sie folgerichtig in nachvollziehbaren Schritten, liefern Sie Begründungen für Ihre Behauptungen. – »Begründet, überzeugt.« Dies ist für mich eine ganz wichtige Aussage im Verkauf. (Siehe auch »Kundeneinwände«, Seite 82ff)

//Die akustische Wahrnehmung von Aussagen

Wenn wir Behauptungen aufstellen, wird unser Gegenüber immer den Wahrheitsgehalt prüfen. Das ist ein ganz natürlicher Filter. Die ausgesprochene oder unausgesprochene Frage lautet: »Stimmt das oder stimmt das nicht?« Wir erleben das in vielen Diskussionen, in denen die Gesprächspartner immer gleich die Aussagen der anderen überprüfen und nötigenfalls dagegen argumentieren. Ein Weg, dies zu vermeiden, ist, die wichtige Hauptaussage – als quasi vorausgesetzt – in den Nebensatz zu rücken und eine nebensächliche Aussage in den Hauptsatz zu nehmen.

Beispiel: Statt: »Unser Unternehmen wurde jetzt für sein ökologisches Engagement ausgezeichnet« (Hier stellt sich die Frage: »Stimmt das oder stimmt das nicht?« Und die Antwort kann im Zweifel eher negativ ausfallen.) sagen Sie: »Wussten Sie, dass unser Unternehmen für sein ökologisches Engagement ausgezeichnet wurde?« (Nun stellt sich die Frage anders: »Wusste ich, hatte ich Kenntnis davon, dass das Unternehmen für sein ökologisches Engagement ausgezeichnet wurde?« Es wird also nicht mehr infrage gestellt, dass das Unternehmen ausgezeichnet wurde.)

//Die optische Wahrnehmung von Aussagen

Um komplexe Zusammenhänge darzustellen, ist es oft nützlich, diese in Einzelsegmente zu zerlegen. Ohne eine sinnvolle Strukturierung und Aufgliederung der Angebotsdetails können Ihnen Ihre Zuhörer nicht folgen – insbesondere wenn über viele Zahlen gesprochen wird. Bitte denken Sie daran, dass Ihr Gegenüber mit Ihren Zahlen nicht so gut vertraut ist wie Sie selbst und deshalb auch längere Zeit benötigen wird um alle Schritte nachzuvollziehen. Nutzen Sie die Möglichkeiten der Visualisierung, zeigen Sie Übersichtstabellen, Grafiken, Blätter mit Hauptstichworten oder Kernsätzen. Alles sollte nur das Wesentliche enthalten, überschaubar, anschaulich und in sich schlüssig sein.

//Die emotionale Wahrnehmung von Aussagen

Veranschaulichen und überzeugen können Sie auch mit Vergleichen, Bildern und Metaphern. Durch bildliches Denken aktivieren wir 80% unseres Nervensystems im Gehirn, während bei analytischem, bewusstem Denken nur 7% erreicht werden; eine bildliche Sprache führt häufig zu »Aha-Erlebnissen« in emotionalen und nichtbewussten Bereichen und wird besser verstanden und auch besser memoriert als rein analytische Darstellungen. Alle Weisheitsbücher der Menschheit, die über Jahrtausende aktuell geblieben sind und alle großen Redner transportieren ihre Aussagen in erster Linie über Gleichnisse. Diese sichern höchste Behaltenswerte wie zum Beispiel: »Eher geht ein Kamel durch ein Nadelöhr«, haben hohen Aufmerksamkeits- und Unterhaltungswert, lockern das Klima und erlauben, viele Dinge mit Humor oder einem Lächeln zu sagen. Wir können dadurch einen unbekannten Sachverhalt in Beziehung setzen zu einem bekannten Sachverhalt und Komplexes allgemein verständlich machen.

//Erfolgreiche Verhandler können Ungewissheit ertragen

Sie haben kein Problem damit, in eine Verhandlung hineinzugehen, ohne zu wissen, was genau geschehen wird und wie das Ergebnis aussehen wird. Lernen Sie die Ungewissheit zu ertragen. Lassen Sie die Dinge auf sich zukommen. Vertrauen Sie darauf, dass Sie mit jeder Situation umgehen können und es für Sie gut ausgehen wird – was immer »gut« bedeuten mag.

//Erfolgreiche Verhandler lassen sich von dem Wort »nein« nicht schrecken

Für sie ist das Wort »nein« nie eine endgültige Absage – es ist ein Standpunkt, mit dem die Verhandlung eröffnet wird. Sie kennen die Verkäuferweisheit: Ein »Nein« bedeutet lediglich, dass der Kunde noch nicht »ja« sagt. Denken Sie das nächste Mal daran, wenn ein Kunde auf Ihr Angebot hin erwidert: »Ich werde nichts bei Ihnen kaufen. Sie verschwenden nur Ihre Zeit.« Wagen Sie mit freundlicher Hartnäckigkeit einen weiteren Vorstoß und stellen Sie sich die Frage »Weiß ich überhaupt schon, warum der Kunde nein sagt?«.

Nehmen Sie sich ein Beispiel an Kindern. Wenn Sie zu Ihrem Kind sagen: »Nein, du wirst dieses Spielzeug nicht bekommen. Hör auf davon!«, versteht Ihr Kind dies als endgültige Absage? Nein! Es wird einen neuerlichen Anlauf nehmen, um Sie zu überzeugen; und es hat gute Chancen, sein Ziel zu erreichen.

//Erfolgreiche Verhandler haben Kampfgeist

Gute Verhandler haben den intensiven Wunsch eine gute Lösung zu erzielen, wenn sie verhandeln. Sie haben Spaß daran, ihre Fähigkeiten mit denen des Kunden zu messen.

Genau so wie Sie freudig mit jemandem in einen sportlichen
Wettkampf – zum Beispiel beim Tennis – treten, können Sie auch
in eine Verhandlung einsteigen. Je mehr Sie das Verhandeln als
Herausforderung und Spiel betrachten – in dem es selbstverständlich auch Spielregeln einzuhalten gilt – desto wettbewerbsfähiger
werden Sie.

//Erfolgreiche Verhandler scheuen nicht die Konkurrenz

Wenn Sie heute Verkäufer fragen: »Was ist das Besondere an
Ihrem Produkt und welchen Nutzen bieten Sie?«, dann hören Sie
drei klassische Antworten: »Qualität, Service und Kompetenz.«
Manchmal kommen noch ganz besondere Aussagen wie zum
Beispiel »Wir sind Ihr Partner!«. Nichts als unbegründete
Oberbegriffe. Es bleibt nach wie vor die Frage: Womit hebt sich die-
ses Produkt oder diese Dienstleistung von anderen ab?
Deshalb möchte ich Sie animieren: Sagen Sie nicht das, was Ihre
Mitbewerber sagen, sondern sagen Sie etwas anderes, etwas
Spezielles, etwas Konkretes.
Wenn Sie zum Beispiel den Oberbegriff Qualität in Ihrer
Argumentation haben, können Sie sich fragen »Welchen Nutzen
bietet denn meine Qualität?« oder »Durch welche Merkmale wird
diese Qualität als solche wahrgenommen?«. Und formulieren Sie
Unterpunkte wie Verarbeitung, Lebensdauer, Sonderleistungen usw.
Stellen Sie sich bei diesen Unterpunkten wiederum die Fragen:
»Welchen Nutzen hat der Kunde durch die Verarbeitung? Durch die
Lebensdauer? Welche griffigen Beispiele gibt es?« »Wir haben schon
unseren Lieferanten!«, ist eine Aussage, die Sie als Herausforderung
annehmen sollten.

Ein Beispieldialog mag demonstrieren, was gemeint ist:

Kunde: Wir haben keinen Bedarf, wir arbeiten schon mit der Firma XYZ zusammen.

Verkäufer: In welchen Bereichen Ihres Unternehmens arbeiten Sie mit XYZ zusammen?

Kunde: In allen.

Verkäufer: Sie wissen ja, das Bessere ist des Guten Feind. Lassen Sie uns ein Gedankenspiel machen. Nehmen wir einmal an, Sie würden einen kleinen Teil Ihres Bedarfs durch uns abdecken. Was würde der Mitbewerber dazu sagen?

Kunde: Das würde ihm nicht gefallen.

Verkäufer: Was denken Sie, wie würde sich dies auf die Qualität oder die Bemühungen von XYZ auswirken?

Kunde: Er würde sich sicherlich anstrengen, damit wir von seiner Qualität überzeugt sind.

Verkäufer: In einigen Fällen gehen Lieferanten noch weiter und bieten sogar noch günstigere Konditionen.

Kunde: Das ist gut möglich.

Verkäufer: Also angenommen, Sie nehmen uns probeweise als zusätzlichen Lieferanten in einem Teilbereich mit auf und Sie sind mit uns – wider Erwarten – nicht zufrieden. Dann können Sie uns gerne den Auftrag (ohne Begleichung der Rechnung) kündigen und uns in hohem Bogen rauswerfen. Dennoch hätte sich etwas geändert. Die Qualität und die Bemühungen Ihres bisherigen Lieferanten hätten sich wahrscheinlich etwas gesteigert und möglicherweise hätten sich auch die Konditionen verbessert. Schaffen wir es – und davon gehe ich aus – tatsächlich eine noch bessere Qualität als XYZ zu liefern, so haben Sie mit uns als Lieferanten eine weitere Qualitätssteigerung erreicht. Also egal was passiert, die Vorteile liegen ganz auf Ihrer Seite, da so oder so eine Verbesserung erreicht wird. Und das Risiko liegt ganz auf unserer Seite.

Seien Sie kreativ, wenn es darum geht, Möglichkeiten zu ersinnen, wie Sie den Kunden für sich ersinnen können,

//Erfolgreiche Verhandler konzentrieren sich auf die Sache, um die es geht

Wir alle sind viel mehr von Emotionen gesteuert, als wir es gerne wahrhaben möchten, aber wir sind diesen Emotionen keineswegs hilflos ausgeliefert. Gute Verhandler wissen: Es geht um die Sache und nicht um die Emotionen darüber.

Erfolgreiche Verhandler kennen nicht nur die Reaktionsmuster ihrer Kunden, sondern auch die eigenen. Es gelingt ihnen, sich weitgehend »im Griff« zu haben. Sei es, dass Ihr Gegenüber gleich mit Vorwürfen startet, zum Beispiel dem Hinweis auf zurückliegende Reklamationen, dass er Desinteresse demonstriert oder sich machtvoll gibt, indem er beispielsweise eigene Mitarbeiter vor Ihren Augen zurechtweist.

Denken Sie, während Sie verhandeln, immer daran, dass Sie sich durch die Reaktionen und Handlungsschritte Ihres Verhandlungspartners nicht emotional irritieren lassen. Fassen Sie es nicht als persönliche Kränkung auf, wenn der Kunde sein Verhandlungs-Know-how an Ihnen anwendet. Machen Sie sich sofort bewusst, dass er taktiert. Konzentrieren Sie sich auf die Fakten, richten Sie Ihren Blick auf die inhaltlichen Kernpunkte. Bleiben Sie ruhig und fragen Sie sich: »Warum tut er das? Was will er erreichen? Was muss ich tun, um dem zu begegnen?«

Überlegen Sie immer: »Was habe ich bisher konkret erreicht? Wo stehe ich jetzt in der Verhandlung im Vergleich zu vor einer Stunde, gestern, letzte Woche?«, und sehen Sie den Fortschritt.

Natürlich können Sie Entrüstung über eine Äußerung oder eine Forderung Ihres Kunden zeigen, aber nicht, weil Sie im tiefsten Innern getroffen sind, sondern weil Sie dies Ihrerseits als überlegte Handlung einsetzen. Wenn Sie dafür sorgen, dass Ihr Gegenüber außer sich gerät, wird sich kurz danach bei ihm ein schlechtes Gewissen einstellen und wenn das so ist, haben Sie schon wieder einen Pluspunkt für sich gemacht, denn er wird um Wiedergutmachung bemüht sein.

Behalten Sie auf jeden Fall die Kontrolle über sich. Wenn Sie sich so ärgern, dass Sie wirklich außer sich geraten, werden Sie immer verlieren. Wenn Sie sich emotional verstricken, verlieren Sie nämlich den Blick für das Wesentliche. Ihr Gegenüber mag Ihnen unfair erscheinen oder Ihrer Meinung nach unangebracht auftreten. Egal. Genaugenommen geht es doch nur darum, ob die Konditionen, auf die Ihr Kunde bereit ist einzugehen, für Sie attraktiv und akzeptabel sind.

//Erfolgreiche Verhandler haben kein übermäßiges Bedürfnis, gemocht zu werden

Für jeden von uns sind Wohlwollen und Akzeptanz durch unsere Mitmenschen geradezu lebensnotwendig. Wir richten unser Handeln oft bewusst oder auch unbewusst darauf aus, Zuneigung, Anerkennung und Bestätigung von anderen zu erhalten. Machen Sie sich immer wieder bewusst, dass ein gewisses Potenzial an Ablehnung geradezu Basis der verkäuferischen Tätigkeit ist. Immer wieder wird der Verkäufer Zurückweisung erfahren und sich mit der Frustration durch ein »Nein« des Kunden auseinander setzen müssen. Es ist ein Teil seines Berufs! Wenn Sie es so sehen, dass es eine Seite Ihres Erfolges ist, wird es Ihnen leichter fallen, schwierige Phasen und Situationen zu überwinden.

Lassen Sie sich also nicht von der Notwendigkeit leiten, gemocht zu werden. Sie werden es sowieso nicht schaffen, es jedem recht zu machen. Zu Recht heißt es: Everybody´s darling ist everybody´s »Depp«. Wer das übertriebene Bedürfnis hat, gemocht zu werden, wird kein guter Verhandler sein, weil er Konflikte zu sehr fürchtet.

Sie können sicher sein, dass ein hohes Maß Anerkennung – wenn auch oft erst später – genau daraus erwächst, dass Sie an Ihren Grundwerten festhalten und Rückgrat beweisen. Wir achten und wertschätzen die Menschen, wenn sie für ihre Prinzipien geradestehen, selbst wenn es nicht unsere eigenen sind.

//Erfolgreiche Verhandler wissen, dass auch die andere Seite unter Druck steht

Ihr Verhandlungspartner ist ebenso wie Sie einem Erfolgsdruck ausgesetzt. Nur scheint es Ihnen nicht so. Sie sehen nicht, wie wichtig es für den anderen ist, mit Ihnen zu einem Abschluss zu kommen. Unter Umständen ist die andere Seite auf Sie angewiesen. Warum glauben wir immer, dass wir die ungünstigere Ausgangsposition haben? Weil wir um unsere eigenen Nöte wissen, nicht aber um die des Kunden. Typischerweise glaubt jede Seite, dass sie das schwächere Blatt hat. Oft meinen wir fälschlicherweise, eine enorm schlechte Verhandlungsposition zu haben, weil wir eben so viele Faktoren und Zusammenhänge nicht kennen.

Lassen Sie sich nicht beirren, wenn der Kunde zu Ihnen sagt: »Ich habe etliche andere Lieferanten, die das Gleiche für weniger Geld anbieten.« Schließlich gibt es einen Grund, dass der Kunde überhaupt mit Ihnen verhandelt. – Vergessen Sie das nicht!

//Erfolgreiche Verhandler stellen sich manchmal dumm

Gelegentlich kann es schlau sein, sich dumm zu stellen. Der Grund dafür ist einfach: Menschen tendieren dazu, Mitleid zu haben mit denen, die sie für weniger klug oder weniger gut informiert halten. Selten gibt es Menschen, die daraus skrupellos ihren Vorteil schlagen würden. Sich dumm zu stellen, schaltet beim anderen den Wettkampfgedanken aus. Er muss nicht mit Ihnen konkurrieren, wenn Sie sich schwach zeigen. Vielmehr ist er Ihnen behilflich. Sie können gut fragen: »Würde es Ihnen etwas ausmachen, mir das zu erklären?« Denken Sie nur einmal an den berühmten Filmdetektiv Columbo im zerknitterten Mantel. Seine Strategie: Er stellte es immer so clever an – indem er sich dumm stellte. Die Mörder waren stets versucht, ihm bei der Lösung des Falles zu helfen, weil er gar so hilflos erschien, und lieferten dabei genau die Informationen, die er benötigte.

b@w //Erfolgreiche Verhandler nutzen den Zeigarnik-Effekt

Der Zeigarnik-Effekt ist eine von der Psychologin Bluma Zeigarnik entdeckte und beschriebene Erscheinung. Grundlegende Aussage der Psychologin ist, dass unerledigte Handlungen besser erinnert werden als erledigte und außerdem eine verstärkte Tendenz hinterlassen, sich immer wieder damit auseinander zu setzen.

Was für einen Vorgang beschreibt dieses Prinzip genau? Fast jeder Mensch hat verschiedene Dinge, die unerledigt sind. Da ist zum Beispiel die Steuererklärung, die wir schon längst machen wollten; da ist der Fahrradreifen, den wir schon seit Wochen aufpumpen wollten; da ist das Gespräch, das wir fortführen wollten, und, und, und ... Bluma Zeigarnik hat herausgefunden, dass unser Gehirn wie ein riesiges Schubladensystem funktioniert. Immer, wenn wir eine Sache beginnen und nicht zu Ende führen oder nicht zu Ende führen können, dann bleibt diese Schublade offen und wir stolpern darüber. Je mehr Schubladen wir geöffnet haben, um so weniger können wir uns auf unsere momentane Tätigkeit konzentrieren.

Der beschriebene Zeigarnik-Effekt greift natürlich nicht nur in Bezug auf Tätigkeiten. Gerade in einer Verhandlungssituation kann der Verweis auf ein zweites Problem unsere Konzentration enorm ablenken. Dies wird von vielen Gesprächspartnern oftmals unbewusst – vielfach aber auch bewusst – eingesetzt, um uns entweder zu verwirren oder zu lenken.

Dies kann mit folgenden Worten erfolgen um Aufmerksamkeit zu erreichen: »Guten Tag, Herr Kunde, heute habe ich Ihnen etwas ganz Besonderes mitgebracht, das ich Ihnen im Laufe des Gesprächs noch zeigen werde. Am Ende unseres Gesprächs habe ich noch eine besondere Überraschung für Sie.«

Lassen Sie sich selbst von Ihrer eigenen Konzentration auf noch nicht abgehakte Themen (»offene Schubladen«) nicht ablenken und nutzen Sie die Nennung noch nicht geklärter Bereiche, um andere Gesprächspartner neugierig zu machen bzw. über »offene Schubladen stolpern zu lassen«.

//Erfolgreiche Verhandler kennen die Gesetzmäßigkeiten im Verhandeln

Jede Verhandlung läuft nach bestimmten Gesetzmäßigkeiten ab. Aus der Erfahrung heraus weiß man, mit welchen Vorgehensweisen man bestimmte Wirkungen erzielen kann. Menschliche Verhaltensweisen und Reaktionen sind vorhersehbar und gar nicht so unterschiedlich, weil sie nach gewissen Mustern ablaufen. (Ausnahmen bestätigen lediglich die Regel.)

Auch wenn Sie zweifeln, ob bei Ihren Kunden die ein oder andere Taktik Erfolg haben wird, berauben Sie sich nicht der Chance, es einmal selbst auszuprobieren. Sehen Sie, was geschieht. Das Ergebnis wird Sie überzeugen. Sie werden denken: »Ich hätte nicht geglaubt, dass es funktioniert, aber es klappt tatsächlich!«

Verhandeln ist ein Spiel nach bestimmten Grundregeln. Die andere Seite muss allerdings die Regeln nicht unbedingt kennen.

//Erfolgreiche Verhandler kennen die Strategien für erfolgreiches Verhandeln und wenden sie an

Aus den bekannten Gesetzmäßigkeiten und Techniken können Strategien für erfolgreiches Verhandeln abgeleitet werden, die im Teil 3 dieses Buches dargelegt sind.

Erfolgreiche Verhandler kennen diese Strategien und – was das Entscheidende ist – wenden sie konsequent an. Sie sammeln ihre eigenen Erfahrungen, passen die Strategien ihren eigenen Bedürfnissen und Umständen an. Das Lernen und Dazulernen ist ein andauernder Prozess, der nie aufhört.

Fazit: Erfolgreiche Verhandler sind von sich selbst und von dem, was sie anbieten, überzeugt. Sie sind insgesamt zuversichtlich und glauben an ihren Erfolg. Sie treten selbstbewusst und selbstsicher auf und gehen zielstrebig vor. Sie bringen ihrem Gegenüber aufrichtiges Interesse,

Aufmerksamkeit und Respekt entgegen. Sie haben sich Verhandlungs-Know-how angeeignet und wenden bewährte Strategien und Gegen-strategien an.

Ihr Nutzen: Was sind Ihre feststehenden Werte? Wie sieht Ihr Verhandlungsstil aus? Was kann Sie (noch) glaubwürdig(er) und authen-tisch(er) machen?

b@w Was für Ihren Kunden wirklich wichtig ist

//Der Preis ist selten ausschlaggebend

► Meine Beobachtung ist, dass Verkäufer die Bedeutung des Preises bei weitem überschätzen. Bedenken Sie zunächst einmal, dass es eine Frage der Perspektive ist, ob man einen Preis als hoch oder niedrig ansieht. Menschen geben durchaus gerne Geld aus. Und sie geben gerne auch ein bisschen mehr aus, wenn es einen guten Grund dafür gibt – ein höherwertiges Produkt, eine luxuriöse-re Ausstattung, ein umfangreicheres Service-Paket, eine bessere Garantie-Leistung usw.

Das bedeutet: Wenn Sie etwas verkaufen, sollten Sie die Vorzüge und die Attraktivität des teureren Produktes oder der teureren Dienstleistung entsprechend herausstellen. Ebenso bedeutsam ist es, den Käufer davon zu überzeugen, dass er kein besseres Geschäft hätte machen können. Hierbei spielt der absolute Preis eine voll-kommen untergeordnete Rolle. Was immer er kauft, muss seinen Preis wert sein und es darf bei Ihnen nicht erkennbar mehr kosten als anderswo. Wenn doch, muss sich der Kunde des zusätzlichen Mehrwerts bewusst sein.

Der Einwand, den Verkäufer am häufigsten hören, ist der des Preises: »Wir möchten gerne mit Ihnen ins Geschäft kommen, aber

Ihr Preis ist einfach zu hoch!« Ich behaupte dennoch: Es hat nichts mit Ihrem Preis zu tun. Sie könnten Ihre Preise um 25 Prozent senken und Sie würden immer noch dasselbe Argument zu hören bekommen.

//Der Marktführer ist der Preisführer

Übrigens, der Marktführer ist – von einigen Fällen im Handel einmal abgesehen – auch meistens der Preisführer, also teuerster Anbieter unter den namhaften Anbietern auf diesem Markt. Gehen Sie ruhig einmal ganz kritisch durch die Welt und prüfen Sie diese Aussage. Sie werden sich wundern, wie oft dies der Fall ist. Die Preisführerschaft ermöglicht ja auch große Investitionen für Forschung und Entwicklung und die damit verbundenen Innovationen, die wiederum die Begehrlichkeit für den Kunden steigern.

Bedenken Sie: Ihre Kunden sind schließlich verhandlungserfahren und machen es sich zur Regel, zumindest den Versuch zu unternehmen, Sie im Preis herunterzuhandeln. Viele haben schlichtweg Spaß am Handeln und tauschen sich mit ihren Freunden voller Stolz über ihre Erfolgserlebnisse aus. Sehen auch Sie das Verhandeln als ein Spiel an. Zunächst einmal gilt es, sich die Spielregeln anzueignen, und dann heißt es verhandeln. Und zwar in allen·möglichen Situationen. Mit der Zeit werden Sie dieses Spiel noch besser beherrschen und viel Gefallen daran finden.

Der folgende Text stammt von John Ruskin (engl. Schriftsteller und Sozialphilosoph) und ist sehr entscheidend für viele Verhandlungen:

»Es gibt kaum etwas auf dieser Welt, das nicht irgendjemand ein wenig schlechter machen und etwas billiger verkaufen könnte. Die Menschen, die sich nur am Preis orientieren, werden Beute solcher Machenschaften.

Es ist unklug, zu viel zu bezahlen, aber es ist noch schlechter, zu wenig zu bezahlen. Wenn Sie zu viel bezahlen, verlieren Sie etwas

Geld, das ist alles. Wenn Sie zu wenig bezahlen, verlieren Sie manchmal alles, da der gekaufte Gegenstand die ihm zugedachte Aufgabe nicht erfüllen kann.

Das Gesetz der Wirtschaft verbietet es, für wenig Geld viel Wert zu erhalten. Nehmen Sie das niedrigste Angebot an, müssen Sie für das Risiko, das Sie eingehen, etwas hinzurechnen. Und wenn Sie das tun, dann haben Sie auch genug Geld, um für etwas Besseres zu bezahlen.«

Wenn wir uns einmal anschauen, was für die Vergabe von Firmenaufträgen ausschlaggebend ist, dann stellen wir fest, dass etliche Faktoren mindestens so wichtig wie der Preis – oder gar noch wichtiger – sind. In der Regel entscheidet man sich nicht für den billigsten Anbieter, sondern für den günstigsten Anbieter unter denen, die man für fähig hält, die Anforderungen zu erfüllen.

Tragen wir einmal einige Punkte zusammen, die für den Kunden eine Rolle spielen:

Qualität des Produkts oder der Dienstleistung:
Wäre allein der Preis die Grundlage von Kaufentscheidungen, würden von allen Anbietern am Markt für jedes denkbare Produkt nur die überleben, die zum niedrigsten Preis anbieten. Sie wissen so gut wie ich, dass dies nicht der Fall ist. Entscheidend ist dabei nicht nur die objektive Qualität, sondern die Qualität im Kopf des Kunden.

Image des Unternehmens:
Wie stellt sich das anbietende Unternehmen dar, hat es einen guten Namen, welchen Ruf hat es, welche Werte werden mit dem Unternehmen oder mit der Produktmarke assoziiert? Welche Referenzen kann das Unternehmen vorweisen?

Zuverlässigkeit:
Ist die gleich bleibende Qualität Ihres Produktes oder Ihrer Dienstleistung über einen längeren Zeitraum hinweg gewährleistet?

Gibt es eine verlässliche Kundenbetreuung? Werden zugesagte Termine eingehalten?

Schnelligkeit:
Wie schell reagieren Sie auf eine Kundenanfrage und wie schnell können Sie liefern, wie schnell führen Sie Ihren Dienstleistungsauftrag aus?

Konditionen:
Welche Zahlungsbedingungen werden dem Kunden eingeräumt? Manche Firmen verdienen mehr an der Finanzierung ihrer Produkte als am Verkauf. Denken Sie zum Beispiel an die Leasing-Angebote.

Kredit:
Wenn Sie Kredit gewähren können, ist dies für manche Kunden ein gewichtiges Kaufargument.

Liefermöglichkeiten:
Können Sie dem Kunden das, was er braucht, genau dann liefern, wenn er es braucht? Machen Sie Just-in-time-Lieferung? Wie verhält es sich mit den Lagerkosten?

Sonderwünsche:
Können Sie flexibel auf Kundenwünsche eingehen und das Produkt entsprechend abwandeln und anpassen?

Erfahrung und Kompetenz:
Hier zählen Ihre persönliche Erfahrung, die Erfahrung Ihres Unternehmens, die Erfahrung der für den Kundenauftrag zuständigen Mitarbeiter. Hat der Kunde das berechtigte Gefühl, bei Ihnen in guten Händen zu sein? Haben Sie und Ihre Mitarbeiter/Kollegen die erforderliche Fachkompetenz?

Garantie und Kulanz:

Für den Kunden ist es wichtig, dass er auch nach dem Kauf mit allen Fragen und mit Reklamationen gut bei Ihrer Firma aufgehoben ist. Der Kunde hat sicher schon manchen Billigkauf bereut, wenn er anschließend auf jeglichen Kundenservice verzichten musste.

Beziehungsqualität:

Wir finden heute immer häufiger eine partnerschaftliche Beziehung zwischen Kunde und Lieferant. Beide Seiten profitieren von einer guten Beziehung, in der man sich aufeinander einstellt und die Abläufe eingespielt sind. Wenn Sie die Beziehung zum Kunden pflegen, wird er dies mit Treue belohnen und nicht so schnell zu einem anderen Lieferanten wechseln, nur weil der zu einem etwas niedrigeren Preis anbietet.

Fazit: Wenn Sie das nächste Mal eine Verkaufsverhandlung führen, denken Sie daran, dass Ihr Kunde sehr gerne mehr Geld ausgibt, wenn Sie ihm einen guten Grund dafür liefern, warum er mehr Geld ausgeben soll, und ihn überzeugen, dass er nirgendwo sonst ein besseres Geschäft machen könnte.

Auch wenn der Kunde immer wieder Einwände gegen den Preis vorbringt, lassen Sie sich nicht dazu verleiten anzunehmen, dass für ihn der Preis das Wichtigste ist. Er ist es nicht!

Lassen Sie die Behauptung, Ihr Produkt oder Ihre Dienstleistung seien austauschbar, nicht unwidersprochen. Sie finden sicher gewichtige Plus-Punkte für Ihr Angebot. Sie müssen also keineswegs Ihren Mitbewerb preislich unterbieten.

Vermeiden Sie es unbedingt, an einen Punkt zu kommen, an dem Sie nur noch über den Preis verhandeln.

Ihr Nutzen: Welche Merkmale kennzeichnen Ihr Produkt oder Ihre Dienstleistung? Denken Sie dabei auch an alles Drum und Dran. Was hebt Sie von den Mitbewerbern ab?

► Wie Sie in der Verhandlung vorgehen – die Strategien für erfolgreiches Verhandeln

Verlangen Sie mehr, als Sie erwarten

//Übertriebene Forderungen haben eine Reihe von Vorteilen

► Ich gehe so weit zu sagen: Der Erfolg am Verhandlungstisch hängt von Ihren übertriebenen Forderungen ab! Jetzt werden Sie vielleicht denken: »Meine Kunden sind nicht dumm. Sie werden erkennen, dass ich mehr fordere, als ich erwarte.« Ja, ich gehe ebenfalls davon aus, dass Ihr Kunde nicht dumm ist und dass er weiß, warum Sie so handeln. Selbst wenn das so ist, handelt es sich dennoch um einen exzellenten Verhandlungsgrundsatz, der allgemeine Gültigkeit hat.

Fünf gute Gründe mehr zu fordern, als Sie erwarten:

01. Sie gewinnen Verhandlungsspielraum

Ein sehr offensichtlicher und guter Grund, mehr zu fordern, als Sie erwarten, ist, dass es Ihnen einigen Verhandlungsspielraum gibt. Sie können mit dem Preis immer noch nach unten gehen, niemals aber nach oben. (Einige Dinge sind allerdings leichter am Ende einer Verhandlung zu bekommen als zu Beginn. Siehe dazu »Das Prinzip des Nagens«, Seite 91) Was Sie fordern sollten, ist Ihre maximal vertretbare Position. Das bedeutet das Äußerste, was Sie verlangen können, ohne Ihre Glaubwürdigkeit zu verlieren.

Je weniger Sie über die andere Seite wissen, umso höher sollte Ihre anfängliche Position sein. Gehen Sie ganz offen an den Kunden heran, den Sie noch nicht oder noch nicht so gut kennen. Vielleicht wird er bereit sein, mehr zu zahlen, als Sie glauben. Zudem werden Sie in einer neuen Geschäftsbeziehung viel kooperativer erscheinen, wenn Sie in der Lage sind, im Laufe der Verhandlungen größere Zugeständnisse einzuräumen.

Mein Ratschlag: Steigen Sie hoch ein, schließen Sie aber Flexibilität in Ihr Angebot mit ein. Wenn Ihre anfängliche Position auf den Kunden unverschämt wirkt und Ihr Standpunkt »friss oder stirb« lautet, werden Sie noch nicht einmal eine Verhandlung beginnen können. Die Antwort des Kunden dürfte schlichtweg lauten: »Dann haben wir nichts zu besprechen.« Jedoch können Sie mit einer sehr hohen Eröffnungsposition durchkommen, wenn Sie Ihre Bereitschaft zum Verhandeln erkennen lassen.

Hier liegt denn auch das Problem für Sie als Verkäufer. Ihre wahre maximal vertretbare Position ist möglicherweise höher, als Sie glauben. Denn wir alle fürchten, von der anderen Seite belächelt oder gar niedergemacht zu werden. So haben Sie über die Jahre möglicherweise Ihre Forderung in die Richtung verändert, dass Sie weniger verlangen, als es der Kunde noch als glaubwürdig empfinden würde.

02. Sie könnten es bekommen!

Ein weiterer Grund mehr zu fordern, als Sie erwarten, liegt schlichtweg darin, dass Sie ein positiv denkender Mensch sind: Sie könnten es ja bekommen!

Sie wissen nicht, was die Umstände für Sie bereithalten. Vielleicht stehen die Sterne günstig und es ist einfach Ihr Tag!

Sicher kennen auch Sie solche Situationen, in denen Sie überrascht waren, als der Kunde plötzlich »ja« zu einer hohen Preisforderung sagte, die Sie selbst kaum für möglich hielten.

03. Sie erhöhen den Wert Ihres Produkts oder Services

Sie erhöhen damit den vom Kunden wahrgenommenen Wert Ihres Produkts oder Services. Der Kunde wird automatisch über den von Ihnen genannten Preis den Wert des Produkts ermessen. Die Logik

folgt dem Spruch »Was nichts kostet, ist nichts wert« und umgekehrt.

Wenn Sie dem Kunden Ihre gedruckte Standardpreisliste zeigen,
schätzt er die Produkte im Wert entsprechend ein. Dieser Effekt ist
größer, wenn Sie mit einem eher unerfahrenen Kunden verhandeln
als mit einem kampfgestählten, erfahrenen Kunden. Doch selbst da
ist der Effekt noch gegeben und sollte nicht verschenkt werden.

04. Sie vermeiden den »toten Punkt«

Es handelt sich um eine großartige Strategie, um einen Verhand-
lungsstillstand zu vermeiden, der sich sonst leicht ergeben kann,
wenn zwei starke Verhandler aufeinander treffen. Lassen Sie besonders bei hart verhandelnden Kunden immer einigen Spielraum,
um ihnen einen Gewinn überlassen zu können. Nur so halten Sie diesen Kunden in der Verhandlung.

Wenn Sie sich, Ihr Produkt oder Ihre Dienstleistung Ihrem Kunden
präsentieren, verursachen Sie ohne es zu wollen den toten Punkt,
wenn Sie nicht den Mut haben, mehr zu fordern, als Sie erwarten.
(Siehe auch »Kommen Sie über den toten Punkt hinweg«, Seite 97)

05. Sie schaffen die Voraussetzung, dass die andere Seite gewinnen kann

Sie geben dem Kunden damit die Gelegenheit, für sich einen Vorteil
herauszuholen. Wenn Sie von vornherein mit Ihrem niedrigsten
Angebot in eine Verhandlung einsteigen, hat der Kunde keine
Möglichkeit, mit Ihnen zu verhandeln und das Gefühl zu erlangen,
gewonnen zu haben.

Nur unerfahrene Verhandler möchten mit ihrem besten Angebot star-
ten, weil sie befürchten, sonst keine Chance zu haben, den Auftrag
zu erhalten. Erfahrene Verhandler wissen um den Wert der hoch an-
gesetzten Eröffnungsforderung.

Bei Verhandlungen in Politik und Wirtschaft muten die Einstiegs-
forderungen der beiden Kontrahenten in vielen Fällen absolut unverschämt an. Tatsächlich wissen erfolgreiche Verhandler, dass die anfänglichen Positionen immer extrem formuliert werden, und keiner
regt sich wirklich darüber auf. Jeder kennt diese Vorgänge als einen

Teil des Verhandlungsprozesses. Die Parteien arbeiten sich Stück für Stück zur Mitte vor, wo sie eine Lösung finden, mit der beide Seiten leben können. Und jede Seite wird verkünden, dass sie die Verhandlung gewonnen hat.

Nun können Sie sagen: »Bei mir geht das nicht, ich habe feste Preise und Sätze.« Bitte denken Sie daran: Dieses Prinzip ist nicht nur für die Höhe Ihrer Preise gültig. Sie können auch mehr verlangen, als Sie erwarten, in punkto Bestellmenge, Liefermenge, Lieferzyklen und so weiter.

Gegenstrategie: Wenn der Kunde von Ihnen mehr fordert, als er erwartet, ist dies als Schachzug anzuerkennen. Appellieren Sie an seinen Sinn für Fairplay und verwenden Sie die Strategie der »höheren Instanz« (siehe Seite 85) und die des »guten Jungen/bösen Jungen« (siehe Seite 89), zwei Strategien, die ich Ihnen später vorstellen werde.

Fazit: Erfolgreiche Verhandler fordern immer mehr, als sie erwarten. In der Praxis hat es sich immer wieder bewiesen: Je mehr Sie fordern, desto mehr werden Sie bekommen. Haben Sie den Mut, Ihre Einstiegsforderung hoch anzusetzen. So haben Sie auf jeden Fall ausreichend Spielraum, um im Laufe der Verhandlung noch Zugeständnisse machen zu können. Denken Sie dabei außer an den Preis auch an Auftragsvolumen, Zusatzaufträge, Zahlungskonditionen u.v.a.m.

Ihr Nutzen: In welchen Punkten können Sie mehr fordern, als Sie erwarten? Was können Sie noch zusätzlich anbieten?

Schaffen Sie Alternativen

//Kunden wollen das Gefühl haben, wählen zu können

► Wenn Sie etwas Teures verkaufen wollen, stellen Sie etwas noch Teureres dazu. Wenn Sie viel verkaufen wollen, stellen Sie noch mehr dazu. Wenn Sie eine große Idee realisiert haben wollen, stellen Sie eine noch größere Idee dazu. Warum? Natürlich sollten wir unserem Gegenüber die Entscheidung aufgrund zu vieler Alternativen nicht erschweren. Jedoch beeinflussen die Auswahlmöglichkeiten die Wahl des Gegenübers.

Beispiel: Ein Weinhändler fragte mich einmal, was er machen solle: Er bot zwei Sorten Chablis an. Einen für 6,99 Euro pro Flasche und einen für 10,98 Euro pro Flasche. Der Wein für 6,99 Euro hatte einen Umsatzanteil bei Chablis von 80%. Der teurere Wein zu 10,98 Euro hatte lediglich einen Umsatzanteil von 20%. Dieses Verhältnis wollte der Händler gerne ändern und den für ihn wirtschaftlicheren Wein für 10,98 Euro häufiger verkaufen. Alle Bemühungen und Gespräche mit den Kunden hatten bisher wenig geholfen. Die meisten sagten: »Man muss nicht gleich den teuersten Wein kaufen.« Ich veranlasste, dass ein weiterer Chablis ins Sortiment kam. Ein Chablis »Grand Cru« für 39,90 Euro. Nun war die Reaktion der Kunden eine ganz andere. Viele kamen und sagten: »Einen Chablis für 39,90 Euro? Das ist ja viel zu teuer, den kaufen wir nicht. Aber den ganz billigen für 6,99 Euro, den müssen wir auch nicht haben. Wir nehmen den Chablis für 11,98 Euro.« Die neue Umsatzverteilung lag nun bei 20% für den 6,99-Euro-Wein, 79% für den 10,98-Euro-Wein und 1% für den »Grand Cru«.
Dieses Beispiel steht stellvertretend für sehr viele Situationen. Es verhält sich so bei Mengenangaben, bei Vorschlägen und Forderungen und Ideen. Wenn Sie zum Beispiel eine große Menge verkaufen wollen, stellen Sie eine noch größere Menge daneben. Dadurch geben Sie größere Bandbreiten vor und lenken die Entscheidung.

Dieses Prinzip passt zu der Strategie »Fordern Sie mehr, als Sie erwarten«, hat aber den Fokus auf den konkreten Alternativen, die mit angeboten werden sollten. Es ist interessant, dass Menschen im Fall von drei angebotenen Alternativen meistens – wie auch in dem Beispiel oben – die mittlere Möglichkeit wählen.

Fazit: Erhöhen Sie die Auswahlmöglichkeiten in Bezug auf Wert, Menge oder Größe nach oben, um Entscheidungen sinnvoll zu lenken.

Ihr Nutzen: Wie könnten Sie in Ihrem Bereich Auswahlmöglichkeiten anbieten, die den Kunden auf ein höheres Preisniveau hinführen?

Grenzen Sie Ihr Ziel ein

//Das goldene Maß der Mitte

► Die nächste Frage lautet nun: Wenn Sie mehr fordern, als Sie erwarten, wie viel mehr sollte das dann sein? Die Antwort lautet: Sie sollten Ihr Ziel eingrenzen. Ihr anfängliches Angebot sollte im gleichen Abstand zu Ihrem Ziel sein wie es das erste Angebot Ihres Kunden von der anderen Richtung her ist.

Lassen Sie mich ein einfaches Beispiel geben: Der Kunde bietet Ihnen 160 Euro. Sie können mit 170 Euro leben. Dann bedeutet das, Sie sollten bei 180 Euro beginnen. Wenn Sie sich am Ende in der Mitte treffen, werden Sie immer noch zufrieden sein, weil Sie Ihr Ziel erreicht haben.

Manche würden dann sogar auf 190 Euro gehen, um bei einer Einigung auf 170 Euro (also unterhalb der Mitte) den Kunden in der Wahrnehmung zu lassen, dass er gewonnen hat, oder um womöglich doch noch etwas mehr – vielleicht einen Preis von 175 Euro – herauszuholen.

Natürlich ist es nicht immer so, dass Sie sich exakt in der Mitte treffen werden, aber es ist ein guter Anhaltspunkt, wenn Sie sonst nichts haben, wonach Sie sich ausrichten können. Gehen Sie also davon aus, dass Sie sich in etwa in der Mitte zwischen den beiden anfänglichen Verhandlungspositionen treffen. Wenn Sie an Verhandlungen zurückdenken, die Sie schon geführt haben, so werden Sie sich erinnern, dass die Einigung meist so ausgesehen hat. In unserer Kultur scheint es – im Großen wie im Kleinen – als fair erachtet zu werden, die Differenz zu halbieren, d.h. sich auf halbem Wege zu treffen. Die vorgestellte Strategie des Eingrenzens setzt voraus, dass Sie die andere Seite dazu bekommen, ihre Position zuerst darzulegen. Dies ist ein ganz wichtiges Prinzip für Sie, wenn Sie erfolgreich verhandeln wollen: Bringen Sie die andere Seite dazu, sich zuerst zu äußern.

Gegenstrategie: Lassen Sie es nicht dazu kommen, dass der Kunde zu Ihnen sagt: »Geben Sie uns einfach Ihren besten Preis an und wir werden Ihnen mitteilen, ob wir ihn akzeptieren oder nicht.« Das ist eine wunderbare Verhandlungsposition für den Kunden – denn er geht hier noch keinerlei Verpflichtung ein – und es ist eine schreckliche Verhandlungsposition für Sie! Wenn der Kunde Sie dazu bringt, Ihre Position zuerst darzulegen, kann er seine Zielforderung so eingrenzen, wie ich es Ihnen zuvor erklärt habe. Tun Sie alles, um dieser Falle zu entgehen. Wenn Sie es erreichen, dass der Kunde seine Position zuerst nennt, ist ein wichtiger Schritt in Richtung Verhandlungserfolg getan.

Fazit: Nähern Sie sich Ihrer preislichen Zielvorstellung, indem Sie mit Ihrer Forderung das erste Kundenangebot um so viel überschreiten, wie es unter Ihrer Zielmarke liegt.

Ihr Nutzen: Üben Sie in Gedanken das Eingrenzen mit Preisbeispielen aus Ihrem Verhandlungsalltag. Überlegen Sie sich, wie Sie Ihren Kunden dazu bewegen können, seine Position als Erster preiszugeben.

Sagen Sie niemals »ja« zum ersten Vorschlag des Kunden

//Wer nicht handelt, der handelt sich was ein!

► Eine wichtige Regel für Ihre Verhandlungen lautet: Sagen Sie niemals »ja« zum ersten Vorschlag Ihres Kunden. Womöglich hat sich Ihr Gegenüber vorgenommen, ein guter Verhandler zu sein, und eine extrem niedrige Preisvorstellung genannt, nur um zu sehen, was passiert. Sie haben nichts zu verschenken und werden selbstverständlich nun Ihre Position entgegensetzen.

Ein anderer wichtiger Aspekt: Ihre schnelle Zustimmung würde automatisch zwei Überlegungen bei Ihrem Kunden auslösen. Die erste: »Ich hätte noch mehr herausholen können!« Die zweite: »Etwas stimmt hier nicht.« Diese beiden Reaktionen gehen in der einen oder anderen Form jedem durch den Kopf, wenn Sie gleich zum ersten Vorschlag »ja« sagen. Interessanterweise hat das überhaupt nichts mit der Höhe des Preises an sich zu tun, sondern nur mit Ihrem schnellen Einverständnis.

Beispiel: Nehmen wir einmal an, Ihr Sohn kommt zu Ihnen und sagt: »Könnte ich mir heute Abend dein Auto ausleihen?«, und Sie sagen: »Sicher, nimm es. Ich wünsche dir einen schönen Abend.« Würde Ihr Sohn nicht automatisch denken: »Da wäre noch mehr drin gewesen. Ich hätte noch zusätzlich 10 Euro fürs Kino herausschlagen können.« Und würde er nicht vielleicht sogar denken: »Hoppla, was geht hier vor? Wieso wollen sie mich denn aus dem Haus haben?«

Nicht zu schnell zuzustimmen, ist ein einleuchtendes Prinzip, aber es fällt nicht immer leicht, sich in der Verhandlungssituation daran zu erinnern. Hüten Sie sich gerade in diesem Zusammenhang davor, ein festes Bild davon zu haben, wie Ihr Gegenüber in einer bestimmten Situation handelt oder reagiert. Es kann nämlich sein, dass er etwas komplett anderes sagt oder antwortet, als Sie es sich ausgemalt haben. Entweder stellt der Kunde weitaus höhere Forderungen oder aber seine Vorstellungen sind viel vernünftiger, als von Ihnen angenommen. So oder so laufen Sie Gefahr, zu schnell »ja« zu sagen, weil Sie einfach zu überrascht sind, um flexibel reagieren zu können.

Je offener Sie in die Verhandlung hineingehen, umso leichter fällt es Ihnen, die Situation richtig einzuschätzen, die passende Strategie anzuwenden und letztlich ein für Sie optimales Verhandlungsergebnis zu erreichen.

Das erste Angebot abzulehnen, mag manches Mal hart sein, besonders wenn Sie den Kunden schon seit Monaten zum Kauf ermuntern. Womöglich kommt er mit einem Kaufangebot auf Sie zu, wenn Sie gerade drauf und dran waren aufzugeben.

Umso leichter kommen Sie in Versuchung, die vom Kunden genannten Bedingungen ohne Widerstand zu akzeptieren. Vergessen Sie auch dann nicht den Grundsatz, keinesfalls zu schnell »ja« zu sagen. Schon deswegen nicht, damit Sie beim Kunden nicht die oben ausgeführten Zweifel auslösen.

Hand aufs Herz: Haben Sie es nicht schon manches Mal bereut, einem Vorschlag der Gegenseite vorschnell zugestimmt zu haben? Dann lernen Sie aus Ihren Erfahrungen und seien Sie in Zukunft besser auf der Hut. Ein vorschnelles »Ja« kann das gesamte Mächteverhältnis in einer Verhandlung drastisch verlagern. Waren Sie möglicherweise bis zu diesem Zeitpunkt in einer hervorragenden Position, kann Ihr »Ja natürlich« sofort eine Umkehrung bringen und Ihr Gegenüber dazu veranlassen, an schon vereinbarten Konditionen, noch einmal zu nagen (siehe auch »Das Prinzip des Nagens«, Seite 91).

Das Mittel der »höheren Instanz« ist übrigens gut geeignet, um Sie davor zu schützen, auf das erste Angebot anzuspringen. Sagen Sie sich selber: »Wie auch immer das Gegenangebot des Kunden lauten mag, ich kann es nicht sofort akzeptieren.«

Gegenstrategie: Gehen Sie davon aus, dass auch Ihr Kunde nach dem Prinzip der ersten Ablehnung handelt und Ihr erstes Angebot prinzipiell ablehnen wird. Daraus folgt, dass Sie niemals gleich zu Beginn

den niedrigstmöglichen Preis nennen sollten, um durch ein Zugeständnis dem Kunden das Gefühl geben zu können, gewonnen zu
haben.

Fazit: Ihr Kunde hat ein besseres Gefühl, wenn Sie nicht gleich ohne
jeden Widerstand seinem ersten Vorschlag zustimmen. Er wäre sonst
leicht im Zweifel, ob er genug gefordert hat.

Ihr Nutzen: Wie sehen Ihre persönlichen Erfahrungen hierzu aus?
Ist es Ihnen schon passiert, dass Sie zu schnell zugestimmt haben?
Wenn ja, analysieren Sie, was dazu geführt hat, und legen Sie sich
Alternativen für künftige ähnliche Situationen bereit.

Erschrecken Sie beim ersten
Vorschlag des Kunden

//Spielen Sie ruhig mal ein bisschen Theater

► Was ich Ihnen hier vorstelle, klingt zunächst etwas simpel, macht
jedoch Eindruck und zeigt vor allem zuverlässige Wirkung. Mit »erschrecken« meine ich: Reagieren Sie mit Erstaunen und Abweisung
auf die Vorschläge des Gegenübers. Unterstreichen Sie dies auch
mit körpersprachlichen Signalen, indem Sie sichtlich zurückwei-
chen und eine ablehnende Haltung einnehmen.

Machen Sie sich klar: Ihr Gegenüber rechnet eigentlich gar nicht
damit, dass Sie mit seinen Forderungen einverstanden sind. Er stellt
Sie einfach nur in den Raum, um zu sehen, wie Sie reagieren.

Beispiele:
– Sie verkaufen Computer und der Kunde bittet Sie, eine
Garantieverlängerung einzuräumen.

- Sie verkaufen Autos und der Kunde bittet Sie, noch Fußmatten und einen vollen Tank Benzin kostenlos dazuzugeben.
- Sie verkaufen Kleinmöbel und der Kunde bittet Sie, ihm diese ohne Extrakosten nach Hause zu liefern.
- Sie verkaufen Faxgeräte und der Kunde bittet Sie, eine Halbjahreslieferung Papier dazuzugeben.

Wenn Sie es versäumen, durch Erschrecken das Ansinnen des Kunden von sich zu weisen, wird der Kunde sofort denken: »Vielleicht bekomme ich ihn doch dazu zuzustimmen. Ich hatte es wirklich nicht zu hoffen gewagt, aber ich probiere mal, wie weit ich gehen kann.« Das heißt, Sie ermuntern Ihren Verhandlungspartner regelrecht, hart zu verhandeln. Vermitteln Sie im Gegenteil mit Ihrer Reaktion, dass das Geforderte gar nicht im Bereich des Möglichen liegt. Dem Erschrecken folgt dann in der Regel ein Zurückschrauben der Forderungen durch die andere Seite. Verwerfen Sie die Methode des Erschreckens nicht als zu theatralisch, sondern probieren Sie sie für sich aus und lassen Sie sich überraschen, wie effektiv sie sein kann. Auch wenn Sie dem Kunden nicht von Angesicht zu Angesicht gegenübersitzen, sondern mit ihm telefonieren, sollten Sie erschrecken, indem Sie hörbar nach Luft schnappen oder so etwas sagen wie »Na, jetzt trifft mich aber der Schlag«, weil die Wirkung des Erschreckens am Telefon ebenso vorhanden ist.

Gegenstrategie: Die passende Gegenstrategie, wenn der Kunde Erschrecken zeigt, ist es, zu lächeln und den Schachzug als solchen zu erkennen. »Jetzt sind Sie aber richtig erschrocken! Ich sehe, Sie beherrschen die Kunst des Verhandelns.«
Lassen Sie sich vom Erschrecken Ihres Kunden nicht allzu tief beeindrucken. Federn Sie ab, indem Sie sich zunächst verständnisvoll zeigen und anschließend im Wesentlichen nochmals Ihre Position bekräftigen. Eventuell mit kleinen Zugeständnissen, denn Sie wollen ja Ihrem Kunden das Gefühl vermitteln, gewonnen zu haben.

Fazit: Zeigen Sie Ihrem Kunden spontan, dass Sie seinen Vorschlag nicht akzeptabel finden. Drücken Sie Ihre Ablehnung aus.

Ihr Nutzen: Rufen Sie sich in Erinnerung, wie es aussieht, wenn Sie ein echt empfundenes Erschrecken zeigen. Bereiten Sie sich vor, indem Sie einmal gedanklich ein Erschrecken durchspielen, das zu Ihnen passt.

Vermeiden Sie unnötige Konfrontation

//Verständnis signalisieren statt direkten Widerspruch äußern

► Der Kunde merkt sehr schnell an Ihrem Verhandlungsstil, ob Sie wirklich eine Win-Win-Lösung anstreben oder ob Sie rücksichtslos auf Ihren eigenen Vorteil bedacht sind. Seien Sie daher vorsichtig, was Sie zu Beginn der Verhandlung sagen. Wenn der Kunde einen Standpunkt vertritt, mit dem Sie überhaupt nicht übereinstimmen, widersprechen Sie in dem Moment nicht. Es bringt unnötige Konfrontation in die Verhandlung. Wenn Sie anfangen zu argumentieren, verstärkt sich der Wunsch des Kunden zu beweisen, dass er Recht hat. Wenn Sie etwas behaupten, wird Ihr Gegenüber automatisch das Gegenteil behaupten.

Denn wir Menschen haben alle einen zentralen Grundfilter in unserem Kopf und dieser Grundfilter versucht bei einer aufgestellten Behauptung als Allererstes einmal die Frage zu klären: »Stimmt es oder stimmt es nicht?« Wenn dieser Filter also immer aktiviert ist, wird Ihr Gegenüber im Verlauf des Gesprächs immer wieder auf seine Frage zurückkommen, inwieweit es eben stimmt oder nicht, und dementsprechend bei Nichtübereinstimmung sofort mehrere Gegenargumente präsentieren. (Siehe Kapitel 2, »Überzeugungskraft«, Seite 20)

Wenn Sie mit etwas nicht einverstanden sind, ist es besser, wenn Sie zunächst zustimmen und dann umlenken. Antworten Sie:»Ich verstehe genau Ihre Sichtweise. Viele andere Kunden haben dies genauso wie Sie gesehen. Wenn wir es dann allerdings mit den Kunden näher betrachtet haben, hat sich herausgestellt ...«
Auf diese Weise fangen Sie geschickt ab und sorgen für eine konfrontationsfreie Kommunikation.

Meist sind wir geneigt, bei provokativen Fragen und insbesondere bei Angriffen sofort zu kontern. Um Aggressionen abzumildern und in hitzigen Verhandlungen Ruhe ins Spiel zu bringen, brauchen Sie gute Gesprächspuffer. Also Gesprächsbausteine, die unser Verständnis, jedoch nicht unsere Zustimmung oder Abneigung signalisieren. Das kann sein, dass wir den anderen ausreden lassen, ihm Zeit geben, noch mal nachfragen, körpersprachlich offen sind und so genannte Gesprächsquittungen geben, also zunicken, bestätigen, »hm« sagen. So gewinnen Sie erst einmal Zeit und haben eine bessere Chance, gelassen zu bleiben.

Gegenstrategie: Wenn Ihr Kunde Ihr Argument so abfängt, dass er zunächst Verständnis bekundet und dann seinen Standpunkt darlegt, dann antworten Sie sinngemäß:»Ich höre, was Sie sagen, und verstehe, dass Ihnen dieser Punkt so wichtig ist. Jedoch ist es so, dass sich dies so nicht realisieren lässt. Lassen Sie uns daher eine andere Lösung finden.«

Fazit: Lassen Sie sich nicht auf einen unkontrollierten Schlagabtausch ein. Puffern Sie Aggressionen geschickt ab, zeigen Sie Verständnis für den Standpunkt Ihres Kunden und äußern Sie erst später Ihre Sichtweise.

Ihr Nutzen: Welche Art des Abpufferns entspricht Ihnen und hat sich bei Ihnen bewährt? Legen Sie sich zurecht, welche besonderen Pluspunkte für Ihre Dienstleistungen bzw. Produkte sprechen, um diese einfließen zu lassen, wenn Sie den Gegenstandpunkt darlegen.

Fordern Sie Ihr Gegenüber auf, Ihnen mehr zu bieten

//Mut macht sich häufig bezahlt

► Die Ausgangssituation für die hier beschriebene Strategie ist die, dass der Kunde Kaufinteresse zeigt, seinerseits aber ein niedrigeres Angebot beziehungsweise Gegenangebot gemacht hat. Erfolgreiche Verhandler antworten daraufhin schlicht mit den Worten: »Da bitte ich Sie schon ein wenig mehr zu bieten!« oder »Dies wird so wohl noch nicht ausreichen«.

Zugegeben, ein verhandlungserfahrener Kunde würde im Gegenzug fragen: »Wie viel genau muss ich mehr bieten?«, um Sie auf diese Weise zu einer klaren Äußerung zu bewegen. Es wird Sie jedoch erstaunen, wie oft unerfahrene Verhandler unter den Kunden Ihnen alleine wegen Ihrer Aussage ein großes Stück entgegenkommen.

Wichtig ist es, in einer solchen Verhandlungssituation den Mut zu haben zu schweigen und abzuwarten, bis von Ihrem Gesprächspartner eine Reaktion kommt.

Gegenstrategie: Wenn der Kunde den entsprechenden »Zaubersatz« bei Ihnen anwendet und sagt: »Da werden Sie schon ein besseres Angebot machen müssen«, muss Ihre Standard-Antwort sein: »Um wie viel genau muss ich denn niedriger anbieten?« Das ist der Weg, den Ball wieder zurückzuspielen und den anderen zu einer Aussage zu bewegen. Generell gilt: Machen Sie kein Zugeständnis, es sei denn auf einen spezifischen Vorschlag des Kunden hin.

Fazit: Fordern Sie Ihren Kunden auf, mit seinem Angebot höher zu gehen und haben Sie dann den Mut, zu schweigen, bis eine Reaktion kommt.

Ihr Nutzen: Erinnern Sie sich an Verhandlungen, in denen Sie zum richtigen Zeitpunkt geschwiegen haben und damit Erstaunliches erreicht haben. Knüpfen Sie an diese Erfolge an und setzen Sie diese Taktik noch gezielter ein.

b@w Nutzen Sie die Macht des Schweigens

//Reden ist Silber, schweigen ist Gold

► Immer wenn Sie Fragen formuliert, Fakten in den Raum gestellt oder Forderungen genannt haben und wirklich auf eine Antwort warten, dann lassen Sie Ihrem Gegenüber genügend Zeit – warten Sie ab. Tun Sie einfach nichts.

Gezieltes Schweigen im richtigen Moment wird sehr unterschätzt in seiner Wirksamkeit. Die Macht des Schweigens funktioniert in den verschiedensten Kommunikationssituationen und natürlich auch in jeder Verhandlung. Mit Schweigen können Sie dem anderen den Ball zuspielen oder zurückspielen. Beobachten Sie einmal, was für ein unangenehmes Klima dadurch entsteht, wie eindringlich dies Ihr Gegenüber auffordert, seine Ausführungen weiter zu vertiefen oder von sich aus weitere Zugeständnisse zu machen.

Beispiel: Ein amüsantes Aha-Erlebnis zeigt, wie Schweigen seine Wirkung tun kann:

Als ich einmal in einem Hotel in den Vereinigten Staaten anrief, um dort ein Zimmer zu buchen, hörte ich, dass dieses Hotelzimmer pro Nacht inklusive Frühstück 70 Dollar kosten sollte. Ich war gedanklich so beschäftigt mit der Umrechnung von Dollar in Euro und den dazugehörigen Steuern, dass ich nicht sofort »ja« oder »nein« zu dem Angebot sagte, sondern einfach gar keine Äußerung machte. Als mein Schweigen einige Sekunden andauerte, antwortete mein Gegenüber am

Telefon schon: »Na gut, ich denke wir können es auch für 65 Dollar an-bieten«. Hier war sofort erkennbar, dass die Dame mein Schweigen so gedeutet hatte, dass ich ihr Angebot als zu teuer empfand, woraufhin sie von sich aus die Konditionen verbesserte.

Gegenstrategie: Ziemlich sicher wird auch der eine oder andere Kunde die Macht des Schweigens einsetzen. Und Sie werden damit umgehen müssen.

Beispiel: Die folgende Begebenheit, in der ich der Kunde war, kann Ihnen dies verdeutlichen: In einer zähen Einkaufsverhandlung, die ich zusammen mit einem Kollegen führte, wurde mit einer Lieferantin das richtige Produkt gefunden, die Menge bestimmt und alle weiteren Vorgehensweisen wurden genau besprochen. Anschließend kam meine Lieblingsfrage an die Lieferantin: »Wenn wir an eine Art kleines Bonbon im Sinne einer Reduktion für diesen Basisauftrag denken, dann lautet meine Frage an Sie: Was schlagen Sie vor?« So wie ich es fast immer als Reaktion auf diese Frage erlebe, begann die Dame zu denken, run-zelte die Stirn und ich spürte, wie sie dabei war, die Konditionen durch-zurechnen. Ich wusste, das wird etwas. Die Phase dauerte sehr lange und ich wurde immer nervöser, was ich mir allerdings nicht anmerken ließ. Als das Schweigen immer länger dauerte, wusste ich, wer jetzt zuerst etwas sagt, der hat verloren, und ich schwor mir: »Du sagst kein Wort.« Da sagte mein Kollege den verhängnisvollen Satz: »War ja bloß eine Frage.« Die Lieferantin schmunzelte und sagte: »Na, dann ist ja al-les in Ordnung«, und machte den Auftrag fertig. Wir verließen das Unternehmen ohne zusätzlichen Rabatt.

Wer – gerade bei harten Verhandlungen – das Schweigen bricht, der hat oftmals verloren. Sorgen Sie dafür, dass nicht Sie es sind!

Fazit: Nutzen Sie die Macht des Schweigens an den verschiedens-ten Punkten der Verhandlung. Halten Sie die unangenehme Stille aus – es lohnt!

Ihr Nutzen: Wie können Sie sich auf eine solche Situation vorbereiten? Wie können Sie sich mental stärken, um die bedrückende Stille auszuhalten?

Bieten Sie niemals von sich aus an, sich in der Mitte zu treffen

//Die Mitte ist nicht immer gülden!

► Eine weit verbreitete Meinung ist, dass ein Kompromiss nur dann fair ist, wenn sich beide Parteien genau in der Mitte treffen, da dann beide Seiten gleich viel nachgegeben haben. Ob das fair ist oder nicht, hängt davon ab, mit welchen Forderungen beide Seiten in die Verhandlung gegangen sind. Befreien Sie sich also von der Vorstellung, die Einigung in der Mitte sei ein Gebot der Fairness oder überhaupt die einzig akzeptable Lösung. Wenn Sie sich in der Verhandlung preislich aufeinander zubewegen, haben Sie jederzeit auch die Möglichkeit, Ihre Schritte kleiner zu wählen. Nehmen Sie sich die Freiheit, einen anderen Wert als die Mitte anzustreben.

Beachten Sie vor allem die Regel, auf keinen Fall von sich aus die Mitte anzubieten. Begründung: Derjenige, der diesen Vorschlag macht, gibt damit seine Ausgangsposition endgültig auf. Verhandelt wird anschließend nämlich nur noch innerhalb des Preisrahmens zwischen der Mitte und der Position des Gegenübers.

Ermuntern Sie daher besser Ihren Kunden dazu, einen Vorschlag für eine Annäherung zu machen. Schlägt er dann eine Einigung in der Mitte vor, so interpretieren Sie diesen Preis als sein neues Angebot, wiederholen Ihre zuvor schon genannte Position und betonen, dass Sie mit ihren Vorstellungen nun gar nicht mehr so weit auseinander liegen. Weisen Sie ferner darauf hin, wie viel Zeit Sie beide bereits in die Verhandlung investiert haben. Wenn Sie das lange genug aufrechterhalten (und zum richtigen Zeitpunkt wieder schweigen!), wird der Kunde eventuell erneut anbieten, die verbleibende Differenz zu teilen.

Tut er es, hat Ihnen diese Taktik ein deutlich besseres Verhandlungsergebnis beschert. Tut er es nicht, dann ergibt sich immerhin der Vorteil, dass Ihr Kunde mit dem guten Gefühl aus der Verhandlung geht, gewonnen zu haben, denn Sie haben ja offensichtlich nur äußert widerstrebend seinem Vorschlag zugestimmt. Und Sie haben ja schließlich schon im Vergleich zur Ausgangsposition des Kunden einen Mehrpreis erreicht.

Gegenstrategie: Wenn der Kunde versucht, Sie dazu zu bewegen, die Differenz von sich aus aufzuteilen, sind die Gegentaktiken »höhere Instanz« (siehe Seite 084) oder »Guter Junge / böser Junge« (siehe Seite 088) angezeigt. Sie sagen sinngemäß: »Was Sie sagen, klingt vernünftig, aber ich habe nicht die Befugnis, dies zu entscheiden. Ich werde Ihren Vorschlag den Entscheidern übermitteln und sehen, ob ich sie davon überzeugen kann.«

Fazit: Ein Kompromiss muss nicht notwendigerweise eine Einigung in der Mitte sein. Lassen Sie den Kunden den konkreten Vorschlag für eine Annäherung machen und verhandeln Sie dann auf der Basis dieses Vorschlags weiter.

Ihr Nutzen: Überprüfen Sie Ihre Einschätzung von Kompromissen. Wie sieht in Ihren Augen eine faire Einigung aus? Könnten sich diese Vorstellungen wandeln?

Seien Sie sich bewusst, dass der Wert einer Dienstleistung sinkt, sobald sie erbracht ist

//Das Prinzip der kurzen Freude

► Lassen Sie mich an dieser Stelle etwas über das Phänomen des fallenden Wertes einer Dienstleistung sagen. Während der Wert eines materiellen Objekts über die Jahre hinweg im Wert erhalten bleiben oder sogar steigen kann, verliert eine Serviceleistung häufig schon rapide an Wert, sobald sie erbracht worden ist.

Genauso verhält es sich mit jedem Zugeständnis, das Sie im Laufe einer Verhandlung machen: Es verliert ganz schnell seinen Wert. Genau genommen zählt der Gefallen, den Sie dem Kunden erweisen, oft schon kurze Zeit später gar nicht mehr.

Beispiel: In der Immobilienbranche finden Sie ein klassisches Beispiel für den schnell sinkenden Wert einer Dienstleistung. Wenn jemand Schwierigkeiten damit hat, seinen Immobilienbesitz – sagen wir im Wert von 300 000 Euro – zu veräußern oder einfach keine Zeit hat, sich selbst darum zu kümmern, und sich deshalb an einen Makler wendet, wird ihm die Maklergebühr von 3 Prozent möglicherweise als hoch erscheinen, er wird sie aber dennoch ohne Widerspruch akzeptieren. In dem Moment jedoch, in dem der Makler seine Dienstleistung erbracht und einen Käufer gefunden hat, beginnen diese 3 Prozent zu einer unglaublich hohen Summe zu werden. »Drei Prozent! Das sind 9.000 Euro!«, wird der Hausverkäufer sagen. »Wofür? Alles was Sie getan haben, war das Haus zu inserieren und nun einen standardisierten Vertrag hinzulegen und dafür wollen Sie 9.000 Euro?« Natürlich hat der Makler viel mehr geleistet als das, aber das wird nicht gesehen.

Ausnahmen hierzu sind lediglich regelmäßig zu erbringende Dienstleistungen wie Lieferservice, Pflegedienste, Versorgungsleistungen.

Wie oft haben wir in Gesprächen fantastische Ideen und kaum sind diese ausgesprochen, kommen Reaktionen wie »Na, da wären wir ja auch selbst drauf gekommen« oder »Gar nicht schlecht, die Idee, gibt es noch eine bessere?«. Gerade wenn Ihre (Dienst-)Leistungen nicht zum Anfassen sind, dann ist der Wert dieser Leistung unmittelbar mit dem Zeitpunkt der Erbringung extrem gefallen. Dieses Prinzip wird daher auch gerne das »Prinzip der kurzen Freude« genannt.

Aus diesem Grund handeln Berater ihr Honorar immer aus, bevor sie ihre Leistung erbringen, nicht nachher. Für Sie heißt das: Wenn Sie eine Dienstleistung verkaufen, verhandeln Sie Ihr Honorar, bevor Sie mit der Arbeit beginnen.

Denken Sie also bitte bei allen Honorarverhandlungen daran, die entscheidenden Werte vorher klar zu kommunizieren, um die Wertschätzung des Gegenübers sicherzustellen. Dies kann durch Fragen geschehen wie:

– Was ist Ihnen eine Lösung des Problems wert?
– Wie wichtig ist Ihnen eine Idee dazu?
– Welche Bedeutung messen Sie dieser Situation bei?

Fazit: Sind Dienstleistungen erst einmal erbracht, sind sie in der Regel nicht mehr hoch angesehen. Sorgen Sie dafür, dass Ihren Ideen und Leistungen vorher der entsprechende Respekt zugeordnet wird, und verhandeln Sie über deren Wert und über Gegenleistungen ebenfalls immer vorher.

Ihr Nutzen: Inwieweit trifft das, was hier gesagt wurde, auf das zu, was Sie anbieten? Ist es eine Dienstleistung? Gibt es Serviceleistungen, die mit einem Produktverkauf einhergehen? Gibt es wiederkehrende Zugeständnisse, deren Wert dem Kunden aufgezeigt werden sollte?

Fordern Sie bei Zugeständnissen immer eine Gegenleistung

//Sie haben nichts zu verschenken und können nur gewinnen

► Eben weil eine erbrachte Serviceleistung schnell im Wert sinkt, ist es für Sie als erfolgreicher Verhandler wichtig, immer unmittelbar bei jedem Zugeständnis eine Gegenleistung von Ihrem Kunden zu verlangen. Warten Sie nicht und gehen Sie nicht davon aus, dass man sich für einen Gefallen Ihnen gegenüber verpflichtet fühlt und sich später dafür erkenntlich zeigt. Das wird in der Regel nicht der Fall sein. Das Prinzip lautet: Für alles, was von Ihnen erwartet wird, können Sie Forderungen stellen.

Das gilt auch dann, wenn die Erfüllung des Kundenwunsches kein besonderes Problem für Sie darstellt und Ihnen auch keine Extrakosten verursacht. In diesem Fall werden Sie womöglich die Neigung verspüren zu sagen: »Ja, natürlich kann ich das für Sie tun, das ist doch selbstverständlich!« Selbst wenn das so ist, zögern Sie und sagen Sie sinngemäß: »Ich weiß nicht, ob wir so bald liefern können. Ich werde das aber mit meinem Büro abklären. Eine Frage: Wenn wir das für Sie tun können, welche Möglichkeiten sehen Sie etwas für uns zu tun?«

Damit bewirken Sie dreierlei:

01. Da Ihr Kunde in dieser Situation etwas von Ihnen will, könnte er durchaus bereit sein, Ihnen einen Anreiz zu bieten, damit Sie den von ihm geäußerten Wunsch erfüllen. Es kann also sehr gut sein, dass Sie wirklich etwas erhalten. Ihr Kunde wird vielleicht sagen: »Ich werde die Buchführung anweisen, den Scheck noch heute für Sie auszustellen« oder »Beim nächsten großen Auftrag werden Sie wieder unser Lieferant sein« oder einfach »Sie haben bei mir etwas gut«.

02. Wenn Sie etwas im Gegenzug fordern, erhöhen Sie damit im Bewusstsein des Kunden den Wert Ihres Zugeständnisses. Warum

etwas verschenken? Betonen Sie Ihr Entgegenkommen deutlich und äußern Sie, dass Sie von Ihrem Verhandlungspartner ein entsprechendes Zugeständnis erwarten. Falls es nichts für die aktuelle Verhandlung nützt, können Sie zu einem späteren Zeitpunkt daran erinnern, um dann ein Entgegenkommen auszuhandeln.

03. Diese Vorgehensweise stoppt den »Gewöhnungsprozess«. Das ist ebenfalls ein wichtiger Grund für die Gegenforderung. Wenn die Kunden wissen, dass Sie jedes Mal eine Gegenleistung erwarten, werden sie künftig davon absehen, Sie immer wieder um etwas zu bitten.

Es wird Ihnen viel Geld, Zeit und Nerven sparen, wenn Sie so vorgehen. Die Erfolge werden Sie verblüffen. Es werden Ihnen Dinge eingeräumt werden, um die Sie nicht im Traum gewagt hätten zu bitten. Sie haben nichts zu verlieren, Sie können nur gewinnen.

Gegenstrategie: Wenn der Kunde von Ihnen eine Gegenleistung für ein Zugeständnis fordert, sollten Sie eine angemessene Gegenleistung parat haben, die Ihnen nicht wehtut und die dennoch ausreichend Attraktivität für den Kunden besitzt.

Fazit: Für jedes Zugeständnis, das von Ihnen erwartet wird, können auch Sie Forderungen stellen. Überlassen Sie es Ihrem Kunden vorzuschlagen, was er Ihnen im Gegenzug bietet.

Ihr Nutzen: Überlegen Sie vor dem Verhandlungsgespräch, welche Gegenleistungen Sie gegebenenfalls anbieten können.

Machen Sie nicht das Problem
Ihres Kunden zu Ihrem

//Ziehen Sie sich nicht jeden Schuh an!

► Diese Strategie ist an sich genau genommen eine »Gegenstrategie«. Immer mal wieder kommt es vor, dass der Kunde versucht, sein Problem zu Ihrem Problem zu machen, um für sich Vorteile zu erreichen. Der Kunde sagt zum Beispiel: »Diese Summe ist in unserem Budget nicht vorgesehen.« Wessen Problem ist es aber, wenn kein Geld eingeplant ist für erstklassige Produkte oder eine Spitzen-Dienstleistung? Das des Kunden, nicht Ihres! (Obwohl es der Kunde gerne zu Ihrem machen würde.)

Eine weitere Variante: »Das kann ich nicht entscheiden.« Wessen Problem ist es, dass Ihr Verhandlungspartner nicht die notwendigen Befugnisse hat? Nicht Ihres!

Und noch ein Beispiel: »Wir brauchen die Teile ganz dringend, sonst kommt unsere Produktion ins Stocken.« Wer hat hier ein Terminproblem? Nicht Sie!

Natürlich sind Sie unter Umständen als Problemlöser gefragt, indem Sie beispielsweise mit einer Expresslieferung dem Kunden aus einer misslichen Lage helfen können. Es ist Ihre Aufgabe, dem Kunden deutlich zu machen, dass Sie sein Problem lösen können, und dies sollte Ihrem Kunden dann auch etwas wert sein.

Wenn der Kunde versucht mit seinen Problemen Druck auf Sie auszuüben, gehen Sie nach dem folgenden Prinzip vor: Prüfen Sie, ob das genannte Problem tatsächlich von verhandlungsentscheidender Bedeutung ist, und hinterfragen Sie die vorgebrachte Argumentation. Längst nicht immer sind die Gründe triftig. Und nur selten handelt es sich um einen Punkt, an dem tatsächlich das ganze Geschäft scheitern könnte. Viel wahrscheinlicher hingegen ist es, dass die Einwände nur in die Verhandlung eingeworfen wurden, um Ihre Reaktion zu testen.

Wichtig ist, dass Sie sofort alle angeführten Argumente hinterfragen und dass dabei die ganze Zeit deutlich bleibt, wer das Problem hat. Wenn Sie nämlich das Problem erst einmal zu Ihrem gemacht haben, werden Sie es nur sehr schwer wieder los. Allzu leicht glauben Sie wenig später selbst, dass es Ihr Problem ist und Sie für die Lösung verantwortlich sind.

Das Prüfen der Aussage »Ich habe nur diesen bestimmten Betrag zur Verfügung!« kann so aussehen: »Wenn ich für Sie genau das finde, was Ihren Bedürfnissen entspricht, der Preis aber höher liegt, soll ich es Ihnen dann gar nicht anbieten?« In 9 von 10 Fällen wird die Antwort lauten: »Doch, schon. Ich würde es mir einmal ansehen.« Auf diese Weise haben Sie herausgefunden, dass alleine an der Frage des Preises das Geschäft nicht scheitern muss und dass das genannte Preislimit nicht so eng sein kann.

Dies ist vor allem deswegen so entscheidend, weil wir uns als Verkäufer oftmals abmühen und verbiegen, um neue Angebote zu erarbeiten, die genau in das Budget des Kunden passen. Mit einer einzigen Frage können wir uns also sowohl den Budgetrahmen öffnen als auch eine Menge Arbeit ersparen.

Auf den Einwand »Das ist nicht im Budget« stellen Sie die Frage »Wer hat denn die Befugnis, das Budget zu überschreiten?«. Wenn dann der verantwortliche Vorgesetzte oder eine andere »höhere Instanz« genannt wird, schlagen Sie vor, dass Ihr Gegenüber sogleich mit der betreffenden Person Kontakt aufnehmen kann, um dessen Einverständnis einzuholen. Oder bieten Sie an, selbst mit dem Entscheider zu sprechen. – Manchmal ist das die einfachste Lösung.

Ein anderer Weg, dem »Budget-Argument« zu begegnen, kann sein: »Wann endet denn das Geschäftsjahr Ihrer Firma?« Vielleicht beginnt bald das neue Jahr und es bietet sich an, das Geschäft oder einen Teil des Geschäfts in den neuen Budget-Zeitraum zu verschieben und insgesamt doch den ganzen Umsatz zu machen.

Hier ist Ihr Ideenreichtum gefragt. Bedenken Sie erst alle anderen Möglichkeiten, bevor Sie erwägen, den Preis zu reduzieren.

Fazit: Seien Sie gewappnet, wenn Ihnen Kunden begegnen, die Ihnen Ihre Probleme aufbürden wollen. Durchbrechen Sie die Barriere, die sich durch das Vortragen des Problems aufgebaut hat. Und führen Sie den Kunden geschickt zu einer Lösung, die den Geschäftsabschluss möglich macht.

Ihr Nutzen: Denken Sie an Situationen, in denen Sie Kundenprobleme zu Ihren gemacht haben. Wie viel Zeit und Mühe hätten Sie sich gespart, wenn das Problem nicht zu Ihrem geworden wäre? Wie hätte es Ihnen jeweils gelingen können, es beim Kunden zu lassen? – Wenn Sie hierfür eine Idee haben, dann ist das auch ein möglicher Weg in Ihren künftigen Verhandlungen.

b@w Nutzen Sie Kundeneinwände für sich

► Es gilt, schon im Vorfeld herauszufinden, ob es sich um echte Einwände des Kunden handelt oder um Vorwände, die in Wirklichkeit eine Hinhaltetaktik oder ein Ausweichen des Gegenübers darstellen. Bei einem Vorwand will der Kunde abblocken und reagiert pauschal zurückweisend. Bei einem Einwand hat der Kunde konkret etwas gegen das Angebot bzw. einen Punkt des Angebots einzuwenden; ein konkreter Ansatzpunkt ist erkennbar.

Einwände können als Kaufsignale gewertet werden. Sie geben Ihnen die Chance, sich zu profilieren und Überzeugungsarbeit zu leisten. Wenn Sie außer guten Argumenten noch ein gewisses Maß an Schlagfertigkeit und eine angemessene Portion an Humor einbringen, rückt Ihr Verkaufserfolg in greifbare Nähe.

//Einwände eingrenzen

Oftmals kommt es in Verhandlungen zu einem wahren Schlagabtausch an Argumenten. Der Verkäufer bringt Argument A, während der Kunde das Gegenargument zu A vorträgt, daraufhin strengt sich der Verkäufer an und präsentiert Argument B und der Kunde liefert das Gegenargument zu B. Und so geht es weiter über C, D, E und F und so fort. Der Verkäufer hat letztlich keine echte Chance, weil immer etwas gefunden werden kann, was dagegen spricht, nach dem Motto »Wer suchet, der findet«.

Cleverer als ein Argument nach dem nächsten zu liefern ist es, ganz direkt nach weiteren Bedenken zu fragen und damit die Problematik einzugrenzen: »Wenn wir Ihren Einwand A lösen könnten, gäbe es darüber hinaus von Ihrer Seite weitere Einwände?«

//Einwände umleiten

Oftmals erschrecken wir bei Einwänden des Kunden und wissen spontan keine oder keine sinnvolle Antwort. Mit der Strategie der Umlenkung können Sie in einem solchen Moment den Einwand des Kunden in ein Argument umwandeln, um dadurch entweder gleich zu überzeugen oder zumindest einen neuen Anknüpfungspunkt im Gespräch zu finden.

Beispiele: Kunde: »Das interessiert mich nicht.« Verkäufer: »Sehen Sie, deshalb rufe ich an. Viele wissen nicht, dass ...« Statt sich entmutigen zu lassen, wandeln Sie den Einwand in ein Argument um und geben so den Ball auf elegante Art wieder zurück. Im Anschluss sollte unbedingt eine fundierte Begründung folgen, um dem Kunden den Nutzen deutlich aufzuzeigen.

»Wer fragt, führt, wer begründet, überzeugt, wer beweist, ist glaubhaft«, ist einer der Hauptsätze im Verkauf. Viel zu häufig treffen wir Aussagen, ohne diese wirklich zu begründen, und verschenken damit eine Möglichkeit zu überzeugen (siehe auch Kapitel 2, »Überzeugungs-kraft«, Seite 91f.).

//Einwände zurückspielen

Haben Sie in einer Verhandlung als Reaktion auf einen Einwand schon einmal die Frage »Was schlagen Sie vor?« verwendet? Nein? Dann sollten Sie es unbedingt tun. Dieser Fragesatz wirkt in den meisten Situationen Wunder. Der Hintergrund: Die meisten Kunden haben einen für den Verkäufer günstigen Lösungsvorschlag im Sinn, was wohl mit dem schlechten Gewissen zu tun hat und dem Zweifel »Ob ich nicht doch zu weit gegangen bin?«.

Es macht übrigens Sinn, den Satz einschränkend zu formulieren, wie zum Beispiel: »Was schlagen Sie – ganz realistisch betrachtet – vor?« oder: »Was schlagen Sie vor, wenn Sie berücksichtigen, dass dies bereits Sonderpreise sind?«

Fazit: Sehen Sie Einwände positiv. Nutzen Sie sie, um Ihre Kauf-argumente vorzubringen. Begründen Sie all Ihre Aussagen stichhaltig. Nur so überzeugen Sie Ihr Gegenüber. Setzen Sie in Verhandlungen auch die Frage »Was schlagen Sie vor?« ein.

Ihr Nutzen: Wie sind Sie bisher mit Einwänden umgegangen? Was davon hat sich bewährt und was weniger? Wie können Sie für Ihren Bereich typische Kundeneinwände umkehren in Argumente, die für Sie sprechen?

Berufen Sie sich auf eine »höhere Instanz«

//Erlaubt hartes Verhandeln ohne direkte Konfrontation

► Sie haben in Verhandlungen weitaus bessere Chancen, gute Vertragsbedingungen zu erzielen, wenn Sie nicht die letztendliche Entscheidungsbefugnis haben. Sie sollten sich daher immer darauf berufen, dass Sie sich erst mit einer »höheren Instanz« besprechen und von ihr eine Zustimmung einholen müssen, bevor Sie etwas zusagen. Selbst wenn Sie die Befugnis haben, alleine zu entscheiden, sollten Sie sich nicht so präsentieren, auch wenn dies vielleicht Ihrem Ego gut täte. Für Ihre Position in der Verhandlung wäre das nur von Nachteil.

Wenn Ihr Kunde mit Ihnen einen niedrigeren Preis aushandeln möchte, sagen Sie: »Das scheint mir vertretbar, ich muss diese Vereinbarung allerdings noch bei unserer Geschäftsleitung (Vorstand, Vorstandsvorsitzenden, Aufsichtsrat, Abteilungsleiter) durchsetzen. Ich werde (morgen) mit der endgültigen Entscheidung wieder auf Sie zukommen.« Am nächsten Tag bedauern Sie: »Ich war mir sicher, ich würde das O.K. erhalten, aber die Geschäftsleitung ist nicht bereit, auf diesen Preis einzugehen. Da werden wir eine andere Lösung finden müssen.« Die höhere Instanz ist eine sehr effektive Verhandlungstaktik, die Ihnen Stärke verleiht. Sie können hart argumentieren, ohne auf Konfrontationskurs zu gehen.

Der Grund, warum das Mittel der höheren Instanz so gut funktioniert, ist einfach. Wenn der Kunde weiß, dass Sie die endgültige Entscheidung treffen können, ist für ihn klar, dass er nur Sie zu überzeugen braucht und gewissermaßen leichtes Spiel hat. Haben Sie erst einmal die Zustimmung gegeben, kann er davon ausgehen, dass einem Abschluss nichts mehr im Wege steht. Ganz anders verhält es sich, wenn Sie ihm sagen, dass Sie zuerst die Zustimmung der höheren Instanz einholen müssen, sei es von dem Management, dem Vorstand oder der Geschäftsleitung. Der Kunde wird sich also bemühen, Ihnen ein attraktives Angebot zu unterbreiten. Er weiß, dass er Sie überzeugen und auf seine Seite bringen muss, damit Sie Ihrerseits die höhere Instanz dazu bewegen, sich mit seinem Vorschlag einverstanden zu erklären.

Die höhere Instanz funktioniert viel besser, wenn es eine vage Instanz ist, also ein Gremium, ein Ausschuss, der Vorstand, die Geschäftsleitung. Nennen Sie hingegen als höhere Instanz eine konkrete Einzelperson – Ihren Vorgesetzen, den Verkaufsleiter, den Geschäftsführer –, wird der Kunde denken: »Warum verhandle ich eigentlich nicht mit dem Entscheidungsträger?« Und er wird womöglich zu Ihnen sagen: »Wenn derjenige der Einzige ist, der die Entscheidung treffen kann, dann holen Sie ihn doch bitte her.« Deshalb ist es am besten, wenn Ihre höhere Instanz vage und unerreichbar ist.

Auch wenn Sie Unternehmer sind und die Leitung Ihrer Firma haben, können Sie diese Taktik einsetzen. Sicher gibt es Entscheidungen, die Sie nicht treffen wollen, bevor Sie sich nicht mit den Personen abgesprochen haben, an die Sie den entsprechenden Verantwortungsbereich delegiert haben: Ihre Verkaufsabteilung, Ihre Marketingabteilung, Ihre Finanzabteilung. Wenn Sie also Ihre eigene Firma führen, werden Mitarbeiter in Ihrer Firma zur höheren Instanz.

Gegenstrategie: Kunden lieben es geradezu, in der Verhandlung mit Ihnen eine höhere Instanz ins Spiel zu bringen. Es ist eine der Strategien, die Ihre Kunden am häufigsten und am wirkungsvollsten einsetzen. Sie kennen das zur Genüge. Überhaupt hat es manchmal den Anschein, als ob Sie nie mit demjenigen sprechen, der die Entscheidungsbefugnis hat.

Beispiel: Im Privatkundenbereich ist die beliebteste höhere Instanz der Ehepartner. Welcher Verkäufer kennt nicht den Satz »Das muss ich zuerst mit meiner Ehefrau/meinem Ehemann besprechen!«?

Natürlich braucht der Kunde in vielen Fällen nicht wirklich die Zustimmung einer höheren Instanz. Oftmals ist es leicht zu durchschauen, dass es sich hier um eine Verhandlungstaktik handelt. Die Kunden sehen dies allerdings nicht als unfair an, sondern meinen, dass dies innerhalb der akzeptierten Regeln liegt, nach denen das Verhandlungsspiel gespielt wird. Wenn also der Kunde zu Ihnen sagt:»Das muss ich erst meinem Vorstand vortragen«, könnte das tatsächlich so sein, oder aber es ist pure Taktik.

Um dieser Taktik zu begegnen, sollte es Ihr Bestreben sein, möglichst schon im Vorfeld auszuschließen, dass sich der Kunde auf eine höhere Instanz beruft. Das, was Sie von Ihrem Kunden am allerwenigsten hören wollen, ist eine Äußerung wie diese:»Danke, dass Sie mir Ihr Angebot präsentiert haben. Ich werde mit unserer Geschäftsleitung darüber sprechen und wir kommen auf Sie zurück, wenn uns Ihr Angebot interessiert.«

Dieser unangenehmen Situation können Sie vorbeugen, indem Sie sich vor der Präsentation Ihres Angebots mit folgender Frage an Ihren Kunden wenden:»Darf ich Sie vorab fragen: Falls dieses Angebot all Ihre Bedürfnisse befriedigt, gibt es dann irgendeinen Grund dafür, warum Sie mir Ihre Entscheidung nicht schon heute mitteilen können?« Es ist relativ einfach für die andere Seite, diese Frage zu verneinen, hat er doch damit nur seine Zusage in Aussicht gestellt für den Fall, dass alle seine Bedürfnisse abgedeckt sind. Das lässt ihm hinreichend Raum für Einwände.

Was Sie allerdings damit erreicht haben, ist Folgendes: Sie haben Ihrem Gegenüber die Möglichkeit genommen, noch einmal über Ihr Angebot nachzudenken. In dem Fall könnten Sie sagen:»Sie deuteten doch vorher an, dass Sie bereit wären, heute eine Entscheidung zu treffen.« Und Sie könnten noch die Frage anfügen:»Was brauchen Sie noch, um >ja< sagen zu können?«. Und was noch entscheidender ist: Sie haben dem anderen die Möglichkeit genommen, Ihr Angebot an eine höhere Instanz weiterzuleiten.

Die Gegenstrategie zur Gegenstrategie: Was tun, wenn jemand versucht, Sie am Einbeziehen der höheren Instanz zu hindern? Wenn der Kunde zu Ihnen sagt: »Sie haben doch sicher die Befugnis, eine Entscheidung zu treffen?« Dann sollte Ihre Antwort lauten: »Das hängt davon ab, welche Konditionen zur Entscheidung anstehen. Außerhalb eines gewissen Rahmens muss ich meine Geschäftsleitung konsultieren.« Ohne eine Konfrontation heraufzubeschwören, haben Sie Ihrem Kunden so deutlich gemacht, dass er das Einverständnis bis zu einer bestimmten Grenze sofort bekommen kann und die Zustimmung zu diese Grenze übersteigenden Konditionen fraglich ist und außerdem zusätzliche Zeit braucht.

Was tun, wenn Sie jemand zu einer Entscheidung drängen möchte, bevor Sie dazu bereit sind? Geben Sie klar zu verstehen, dass die Antwort »nein« lautet, wenn Ihr Gegenüber unbedingt eine sofortige Entscheidung verlangt. Und dass Sie vielleicht »ja« heißt, wenn Sie genügend Zeit haben, um sich mit Ihrer höheren Instanz abzusprechen.

Fazit: Lassen Sie Ihr Gegenüber nicht wissen, wenn Sie Entscheidungen treffen können. Berufen Sie sich immer auf eine höhere Instanz. Das gibt Ihnen eine stärkere Position, ohne Sie in direkte Konfrontation zu bringen. Außerdem gewinnen Sie so Zeit, um für sich die Konditionen in Ruhe zu prüfen. Also bewahren Sie sich immer diesen Ausweg.

Ihr Nutzen: Überlegen Sie sich einmal, wie Sie Ihre höhere Instanz benennen und wie Sie diese ins Spiel bringen können.

Strategie: Die Taktik »Guter Junge/böser Junge«

//Good guy – bad guy

► Diese Bezeichnung ist aus dem Amerikanischen übertragen, wo man von »good guy/bad guy« spricht, wobei »guy« umgangssprachlich ist und im wohlmeinenden Sinne so viel bedeutet wie »Bursche« oder »Kerl«.

Für diese Taktik braucht es auf einer Seite zwei Personen, die sich die Rollen des »Guten« und des »Bösen« untereinander aufteilen. Das Muster »Guter Junge/böser Junge« kennen wir alle gut aus Krimis, in denen ein Kriminalbeamter mit dem Verdächtigen ruppig und unfreundlich umgeht, ein anderer hingegen sich des Verdächtigen fast freundschaftlich annimmt und auf diese Weise dessen Vertrauen gewinnt und einiges mehr in Erfahrung bringen kann.

In der Verhandlung ist der »Böse« rau, hart und unnachgiebig, der »Gute« hingegen freundlich, nett und verständnisvoll. Der »Gute« scheint ganz auf der Seite des Verhandlungspartners zu sein – was er in Wirklichkeit natürlich nicht ist – und wirbt um Verständnis für das »Raubein«. Er sagt zum Beispiel vermittelnd: »Ich glaube, alles was mein Kollege will, ist ...«, und bringt die stockende Verhandlung wieder in Gang.

Ein klassisches Beispiel hierfür ist das Kunden-Ehepaar, wobei die Rollenaufteilung meist so ist, dass er der Harte ist und sie die Sanfte. Verkäufern aller Sparten im Privatkundenbereich ist dieses Gespann sicherlich bestens bekannt.

Jeder von den beiden hat seine Rolle: Einer spielt den guten, der andere den bösen »Jungen«. Während der Böse den Verkäufer mit seinen Forderungen und Wünschen fast in den Wahnsinn treibt (»Also wenn Sie noch mal 50 Euro abziehen, dann kommen wir vielleicht ins Geschäft ...«), versucht der Gute zu vermitteln (»Herr XY muss bei dem Geschäft ja auch noch was verdienen, Du übertreibst mal wieder ...«), täuscht Peinlichkeit vor (»Wir sind hier doch nicht auf einem türkischen Basar, Heinz!«) oder entschuldigt sich für das Verhalten des »Bösen« (»Er kann nicht anders, nehmen Sie´s ihm nicht übel!«).

Was erreicht werden soll: Dadurch, dass der »good guy« sich von seinem Einkaufspartner distanziert, baut er Sympathien zum Verkäufer auf. Das ist die Basis für einen erfolgreichen Abschluss: Wenn der Verkäufer sich in Sicherheit wiegt, seinen Preis durchzusetzen, dann setzt der »Gute« eins drauf. Zum Beispiel so: »Die Forderungen meines Mannes waren wirklich überzogen – aber jetzt sagen Sie mir doch mal, was für Sie ein faires Angebot wäre ... denn irgendwie müssen wir meinen Mann ja zufrieden stellen.«

Gegenstrategie: Der wichtigste Punkt im Umgang mit dieser Kundenstrategie ist, dass Sie erkennen, was hier gespielt wird. Geben Sie Ihrem Gegenüber ruhig zu verstehen, dass Sie die Taktik durchschauen. Schlagen Sie vor: »Setzen wir uns doch in Ruhe zusammen und erarbeiten wir gemeinsam eine gute Lösung!« Das nimmt der Situation die Schärfe und gibt der Verhandlung einen konstruktiven Verlauf.

Sie können im Gegenzug auch einen fiktiven »Bösen« auf Ihrer Seite auftauchen lassen, der noch viel unnachgiebiger erscheint als der anwesende »Böse« der Gegenseite.

Manchmal löst sich das Problem, wenn Sie den »Bösen« lange genug sprechen lassen. Am Ende wird es dem »Guten« zu viel und er wird dem »Bösen« Einhalt gebieten.

Sie können auch kontern, indem Sie klar zum Ausdruck bringen, dass Sie beide als eine Einheit sehen, und so die Taktik aufdecken. Oft hat es schon die gleiche Wirkung, wenn Sie sich gedanklich vergegenwärtigen, dass keiner von beiden wirklich auf Ihrer Seite steht, sondern beide miteinander im Bunde sind, um Ihnen etwas abzuringen.

Wenn die andere Seite mit einem Rechtsanwalt oder einem Prüfer auftaucht, der offensichtlich dazu da ist, die Rolle des »Bösen« zu übernehmen, werden Sie initiativ und fordern Sie dazu auf, zusammen an einer Win-Win-Lösung zu arbeiten. Das nimmt den anderen den Wind aus den Segeln.

Der Schachzug des »Guten Jungen/bösen Jungen« ist auch dann noch effektiv, wenn jeder weiß, dass er eingesetzt wird. Es kann richtig Spaß machen, das Verhandlungsspiel nach allen Regeln der Kunst zu spielen und sich mit Wettstreitern zu messen.

Fazit: Seien Sie sich vor allem bewusst, dass auf Kundenseite sehr häufig das Verhandlungs-Duo der »Gute« und der »Böse« antritt, um Sie einzuschüchtern und zu Zugeständnissen zu bewegen. Lassen Sie sich nicht in Bockshorn jagen! Steuern Sie unbeirrt und zielstrebig auf einen fairen Abschluss zu.

Ihr Nutzen: Mit wem können Sie ein »Guter Junge/böser Junge«-Duo bilden? Wer übernimmt dabei welchen Part? Wie kann Ihre Vorgehensweise genau aussehen?

Das Prinzip des »Nagens«

//Das richtige Timing von Zusatzforderungen

► Unter »Nagen« versteht man das Nachschieben von Forderungen beziehungsweise das Nachhaken in bestimmten Verhandlungspunkten unmittelbar vor dem endgültigen Vertragsabschluss. »Nagen« eröffnet Ihnen die Möglichkeit, das Verhandlungsergebnis für sich zu verbessern. Sie können damit den Kunden von Dingen überzeugen, denen er vorher sicher nicht zugestimmt hätte.

Beispiel: Autoverkäufer wissen sehr gut, dass sie den Kaufinteressenten erst einmal an den Punkt bringen müssen, an dem er denkt: »Ja, ich werde ein Auto kaufen und ich werde es hier kaufen.« Auch wenn es

nur ein Basis-Modell ist, das wenig Gewinn bringt, setzt man sich zusammen an einen Tisch, um den Kaufvertrag abzuschließen. Jetzt ist
der Zeitpunkt gekommen, an dem der Verkäufer beginnt, all die Extras
und Optionen aufzuzählen, die schließlich seinen Gewinn am Auto ausmachen.

Umgekehrt: Autokäufer wenden dasselbe Mittel an, um im letzten
Moment noch einen Satz Automatten oder eine Tankfüllung herauszu-
handeln. Das ist das Prinzip des Nagens: Einige Dinge sind zu einem
späteren Zeitpunkt in der Verhandlung viel leichter durchzusetzen. Erfolgreiche Verhandler wissen das und setzen dieses Wissen gezielt ein.

Warum ist Nagen so effektiv? Psychologische Studien haben gezeigt,
dass Menschen vor einer (Kauf-)Entscheidung unsicher, nervös und oft
auch ängstlich sind. Sie kämpfen mit einem inneren Widerstand gegen
die Entscheidung. Die Kunden mögen in der Sache unsicher sein oder
auch daran zweifeln, ob sie es mit dem geeigneten Geschäftspartner zu
tun haben. Interessanterweise wurde weiter beobachtet, dass sich dieselben Menschen, sobald sie eine Entscheidung gefällt haben, plötzlich
sehr gut fühlen. Sie empfinden eine Art von Erleichterung, wenn die
Spannung und Belastung der Entscheidungsfindung vorbei ist. Mit hoher Wahrscheinlichkeit bleiben sie bei ihrer Meinung. Ihre Gedanken gehen jetzt alle in die Richtung, die getroffene Entscheidung zu bestärken.
Nun wird begonnen die Entscheidung zu rechtfertigen. Zu diesem Zeitpunkt sind sie empfänglich für zusätzliche Vorschläge und Anregungen
und sind oft bereit, noch mehr Geld auszugeben.

Folglich lautet die Regel: Tragen Sie nicht gleich zu Beginn alles vor,
was Sie erreichen wollen, sondern warten Sie auf den Moment der ersten
Zusage in der Verhandlung, um dann auf das ein oder andere Extra zu
kommen. Der Moment der ersten Zustimmung ist der entscheidende
Wendepunkt, von dem an alles leichter geht, eben weil sich der Kunde
gut fühlt, nachdem er sich einmal entschieden hat.

Gleich noch ein Hinweis: Direkt nach einer (Kauf-)Entscheidung beginnt die Phase der Entscheidungsrechtfertigung. Dann gilt es, dafür zu
sorgen, dass sich beim Kunden keine Kaufreue einstellt (siehe auch
Kap. 4, »Gratulieren« Seite 110).

Gegenstrategie: Achten Sie auf Leute, die an Ihnen nagen wollen! Halten Sie Ihren Kunden davon ab, an Ihnen zu nagen.

Es gibt einen Punkt in der Verhandlung, an dem Sie sehr verletzlich sind, und zwar dann, wenn Sie glauben, dass die Verhandlungen abgeschlossen sind. Dann werden Sie allzu leicht das Opfer eines Nagers!

Beispiel: Sie verkaufen ein Auto. Sie sind erleichtert, einen Käufer gefunden haben. Der Druck und die Anspannung des Verhandelns sind wie weggewischt. Der Käufer sitzt in Ihrem Büro, stellt den Scheck aus; aber gerade als er dabei ist, zu unterschreiben, blickt er hoch und sagt: »Ein voller Tank ist doch dabei, oder?« Genau an dieser Stelle sind Sie aus zwei Gründen verwundbar:

Erstens: Sie haben gerade einen Kauf abgeschlossen und fühlen sich gut. Wenn Sie sich gut fühlen, neigen Sie dazu, etwas zuzugestehen, was Sie normalerweise nicht tun würden.

Zweitens: Sie denken: »Oh nein. Ich dachte, alles ist geklärt. Ich möchte es nicht darauf ankommen lassen, die Diskussion nochmals von vorne zu führen. Ich könnte den ganzen Verkauf verlieren. Vielleicht bin ich gut beraten, in diesem kleinen Punkt nachzugeben.« Um dann eine halbe Stunde später zu denken »Warum um alles in der Welt habe ich das getan?«.

Sie werden hier der Neigung, ein Zugeständnis zu machen, widerstehen müssen. Machen Sie sich bewusst, dass Sie der Situation und dem Kunden nicht wehrlos ausgeliefert sind.

Kommen Sie dem Nagen eines Käufers zuvor, indem Sie ihm schriftlich zeigen, welchen Preis zusätzliche Leistungen haben. Listen Sie ausführlich Konditionen, Lieferzeiten, Laufzeiten, Zusatzausstattung, Servicepakete, Garantien, Schulungen, Installationskosten, Extras usw. auf, einfach alles, was Sie dem Kunden zur Auswahl stellen und woran er nagen könnte.

Geben Sie sich nicht die Befugnis, Zugeständnisse machen zu dürfen. Schützen Sie sich selbst mit der »höheren Instanz« (siehe Seite 85) und mit der »Guter Junge/böser Junge«-Strategie (siehe Seite 89).

Eine wirksame Gegenmaßnahme bei einem Nage-Versuch Ihres Kunden ist es auch, ihm freundlich das Gefühl zu geben, dass er das, was er da fordert, wohl nicht ernst meinen kann. Seien Sie dabei vorsichtig, denn Sie befinden sich an einem sensiblen Punkt in der Verhandlung. Also erwidern Sie mit einem Lächeln in einem lockeren, eher scherzhaften Ton: »Kommen Sie, Sie haben einen fantastischen Preis mit mir ausgehandelt. Sie wollen jetzt nicht wirklich noch mehr herausholen. Bleiben Sie fair!« Stellen Sie die Verhandlungsergebnisse so dar, dass Ihr Gegenüber das Gefühl bekommt – oder in dem Gefühl bestätigt wird –, schon viel erreicht und gewonnen zu haben.

Fazit: Nehmen Sie immer gegen Ende der Verhandlung einen zweiten Anlauf. Kommen Sie noch einmal auf die Punkte zu sprechen, die Sie vorher nicht zufriedenstellend verhandeln konnten und in denen Sie noch kein Einverständnis erreicht haben. Bringen Sie jetzt auch die Punkte an, die Sie vorher bewusst zurückgehalten haben, um Sie zu einem günstigeren Zeitpunkt zu präsentieren.

Seien Sie darauf vorbereitet, dass die andere Seite im letzten Moment an Ihnen nagt, und widerstehen Sie der Neigung, Zugeständnisse zu machen, die Sie später bereuen würden.

Ihr Nutzen: Welche Punkte eignen sich in Ihrem speziellen Fall besonders dafür, zu einem späteren Zeitpunkt angesprochen zu werden?

Machen Sie Zugeständnisse in der richtigen Art und Weise

//Vermeiden Sie vier Kardinalfehler

► Die Art und Weise, wie Sie Zugeständnisse machen, hat einen großen Einfluss auf den Verlauf der Verhandlung und vor allem darauf, wie leicht Sie einen Abschluss erzielen. Wenn Sie im Laufe der Verhandlung mehr als einmal im Preis nachgeben, wird aus den Schritten, in denen Sie die Preiszugeständnisse machen, für den Kunden ein Muster erkennbar. Das führt bei ihm zu bestimmten Erwartungen und entsprechenden Reaktionen, mit denen Sie wiederum umgehen müssen. Ihr Ziel sollte es sein, den Kunden den Eindruck gewinnen zu lassen, optimal verhandelt zu haben und als Gewinner aus der Verhandlung hervorgegangen zu sein.

Betrachten wir das einmal an einem praktischen Beispiel. Nehmen wir an, der Verhandlungsspielraum, den Sie maximal zu vergeben haben, beträgt 1 000 Euro. Es gibt vier Fehler, die Sie vermeiden sollten:

– **Fehler Nummer eins: gleich große Zugeständnisse**
Wenn Sie in vier Schritten um jeweils 250 Euro im Preis nachgeben, kann Ihr Kunde kein Gefühl dafür entwickeln, wie weit Sie zu gehen bereit sind. Alles, was er erkennen kann, ist, dass Sie jedes Mal, wenn er weiter drängt, um noch einmal 250 Euro im Preis heruntergehen. Also wird er damit fortfahren, von Ihnen Zugeständnisse zu fordern. Schon zwei Zugeständnisse in derselben Höhe führen zu demselben Resultat.
– **Fehler Nummer zwei: am Ende der Verhandlung ein zu großes Zugeständnis**
Wenn Sie einem 600-Euro-Zugeständnis ein 400-Euro-Zugeständnis folgen lassen, wird Ihr Kunde keinesfalls annehmen, dass Ihr Verhandlungsspielraum schon ausgereizt ist. Und

er wird verärgert reagieren, wenn Sie seinen Wunsch auf ein weiteres Zugeständnis kategorisch ablehnen.

- **Fehler Nummer drei: von vornherein alles nachlassen**
Das würde bedeuten, auf einmal um die gesamten 1 000 Euro
herunterzugehen. Der Kunde mag Sie zu diesem Schritt verleiten,
indem er zu Ihnen in entwaffnender Weise sagt:»Ich will nicht
mit Ihnen handeln. Bitte geben Sie mir Ihren absolut niedrigsten
Preis und ich teile Ihnen mit, ob wir akzeptieren oder nicht.« Der
Kunde sagt hier nicht die Wahrheit. Natürlich will er handeln.
Und er liebt es geradezu zu handeln. Wenn das nicht schon geschicktes Verhandeln ist: Versuchen, ob man die andere Seite
nicht dazu bringen kann, gleich zu Beginn der Verhandlung die
maximalen Zugeständnisse zu machen!

- **Fehler Nummer vier: zu Beginn ein kleines Zugeständnis machen**
Es scheint klug, zunächst einmal kleine Zugeständnisse zu machen, um zu testen, was passiert. Sie bieten dem Kunden anfäng-
lich an, 100 Euro vom Preis abzuziehen. Wenn Sie dann merken,
dass dies nicht zum Erfolg führt, werden Sie nachgiebiger und
gehen um weitere 200 Euro runter und fügen vielleicht noch hinzu, dass das schon das Äußerste sei, was sie tun können. Bringt
Ihnen das immer noch nicht den ersehnten Auftrag, geben Sie
womöglich in der nächsten Runde 300 Euro nach. Damit bleiben
noch 400 Euro Verhandlungsspielraum, den Sie unter
Umständen im darauf folgenden Durchgang hergeben. Sie sehen,
was geschehen ist: Sie haben mit einem kleinen Zugeständnis begonnen und sich zu immer größeren Zugeständnissen hoch ge-
schraubt. Damit werden Sie schwerlich eine Zustimmung erreichen, denn mit jedem Schritt sieht es für Ihr Verhandlungs-
gegenüber immer besser aus. Warum also sollte er aufhören?
Der beste Weg, Zugeständnisse zu machen, ist der, am Anfang
ein ansehnliches Zugeständnis anzubieten. Das könnten in unserem Beispiel 500 Euro sein. Dann sollten Ihre Zugeständnisse
von Mal zu Mal deutlich kleiner werden, wenn Sie denn überhaupt noch weitere machen müssen. Ihr nächstes Zugeständnis

könnte also bei 200 Euro liegen, das danach bei 100 und dann bei 50. Auf diese Weise merkt Ihr Verhandlungspartner, dass sich Ihr Spielraum so langsam erschöpft.

Fazit: Beginnen Sie mit einem vernünftigen Zugeständnis und reduzieren Sie die Höhe Ihrer Zugeständnisse dann in jeder Runde. Damit überzeugen Sie den Kunden, dass Sie absolut an Ihre Grenze gegangen sind und er wirklich den bestmöglichen Preis herausgehandelt hat.

Ihr Nutzen: Was ist für Sie ein typisches Muster, wenn Sie Zugeständnisse machen? Wie können Ihre Schritte des Nachgebens sinnvollerweise aussehen?

Kommen Sie über den toten Punkt hinweg

► Immer wieder kann es passieren, dass die Verhandlung in eine kritische Situation gerät. Sie sollten jedoch keine Angst davor haben – auch nicht vor dem möglichen Scheitern der Verhandlung. Sie können nur dann Stärke zeigen und Ihre Position nachdrücklich vertreten, wenn Sie nicht ängstlich darauf bedacht sind, Störungen um jeden Preis zu vermeiden. Werden Sie Experte in Sachen Problemlösung, dann verlieren diese Situationen ihren Schrecken und Sie lernen darauf zu vertrauen, dass sich (fast) immer Lösungen ergeben werden.

//Wenn Sie sich in einem Punkt festgefahren haben

Häufig gerät die Verhandlung dadurch ins Stocken, dass Sie sich in einem Hauptpunkt uneinig sind. Meist ist dies der Preis, es kann aber auch der Liefertermin sein oder das Zahlungsziel oder eine Rücknahmegarantie oder noch etwas ganz anderes.

Was machen Sie, wenn Sie in eine solche Sackgasse geraten sind? Eine sehr einfache und wirkungsvolle Methode ist es, diesen kritischen Verhandlungspunkt auszuklammern und sich zunächst weniger entscheidenden Punkten zuzuwenden. Sie sagen also: »Ich verstehe, wie wichtig dies für Sie ist, aber lassen wir das einen Moment beiseite und sprechen wir zunächst über die anderen relevanten Punkte.«

Wenn diese anderen Punkte geklärt sind und die Verhandlung auf diese Weise wieder in Gang gekommen ist, erscheint auch der zuvor »unlösbare« Diskussionspunkt in einem anderen Licht. Beide Seiten sind nun motiviert und nutzen den vorhandenen Schwung, um auch hierfür eine Lösung zu finden.

Unerfahrene Verhandler denken, dass die wichtigen Punkte unbedingt zuerst gelöst werden müssen. Erfolgreiche Verhandler wissen, dass die andere Seite oft viel flexibler ist, nachdem eine Übereinstimmung in unwichtigeren Dingen erreicht worden ist.

//Wenn es nicht mehr vorangeht

Es gibt Situationen, in denen sich rein gar nichts mehr bewegt und eine Pattsituation erreicht ist. Sie und Ihr Kunde sprechen zwar noch miteinander und sind auch noch gewillt zusammenzukommen, aber es gelingt Ihnen nicht mehr, sich einer Lösung anzunähern. An dieser Stelle braucht es dringend Impulse, um neuen Schwung in die Verhandlung zu bringen. Hier eine Auswahl dessen, was Sie tun können, um die Verhandlung zu beleben und einen neuen Weg in Richtung Einigung einzuschlagen:

- Statt weiter über den Preis zu verhandeln, sprechen Sie über Alternativen in den Zahlungsmodalitäten, eine geringere Anzahlung bei Auftragserteilung, ein späteres Zahlungsziel, die Gewährung von Skonto. Vielleicht treffen Sie damit einen Punkt, der Ihren Kunden anspricht und einen Anreiz schafft, in der Verhandlung fortzufahren.
- Schlagen Sie andere Spezifikationen vor, die auch den Preis verändern würden, betreffend Verpackung, Lieferzeiten, Anlieferung/Abholung, Lieferung komplett montiert oder zum Selbstzusammenbau usw.
- Zeigen Sie die Bereitschaft, dem Kunden einen Teil des Risikos abzunehmen. Vielleicht, indem Sie sich bereit erklären, eine Teilmenge (nach einer definierten Zeit und unter bestimmten Voraussetzungen) gegebenenfalls wieder zurückzunehmen. Vielleicht gelingt es Ihnen damit, beim Kunden Bedenken bezüglich der Bestellmenge zu zerstreuen.
- Wechseln Sie den Ort für die Verhandlung. Schlagen Sie beispielsweise vor, Ihre Diskussion beim Mittag- oder Abendessen fortzuführen.
- Lösen Sie die Anspannung, indem Sie ein leichtes, unverfängliches Thema einstreuen. Sprechen Sie über Hobbys oder irgendetwas Interessantes, das Sie kürzlich gelesen oder gehört haben. Erzählen Sie eine lustige Begebenheit oder einen Witz.
- Variieren Sie den Verhandlungsstil. Haben Sie die ganze Zeit zuvor leise, zurückhaltende Töne angeschlagen, werden Sie ein bisschen forscher und kämpferischer. Oder umgekehrt: Wechseln Sie vom direkten, offensiven Stil zu einem sanften, kooperativen. So kann Ihr Kunde in eine andere Stimmung kommen und eventuell entscheidungsfreudiger werden.
- Wenn Sie im Team verhandeln: Wechseln Sie die Personen im Team. Lassen Sie einen der Verhandler beim nächsten Termin verhindert sein, wenn Sie denken, dass genau er es ist, der keinen guten Draht zu der anderen Seite findet. Nehmen Sie vielleicht den Verhandler auf Ihrer Seite heraus, der zuvor die Rolle des

»Bösen« gespielt hat. Das kann den Druck auf die andere Seite nehmen und die Atmosphäre entspannen. Setzen Sie in Vertretung jemanden ein, der neue Impulse einzubringen vermag.

Manchmal müssen Sie verschiedene Dinge ausprobieren und sehen, was funktioniert und was nicht. Wenn Sie für sich die Gewissheit haben, dass Sie über eine Hand voll Möglichkeiten verfügen, lässt Sie das wesentlich entspannter sein. Das allein schon ist eine günstige Voraussetzung dafür, festgefahrene Verhandlungen wieder zum Laufen zu bringen und doch noch zu einem erfolgreichen Abschluss zu führen.

//Wenn Sie alleine nicht mehr weiter kommen

Zu einem totalen Stillstand in der Verhandlung kann es kommen, wenn Sie gar keinen Fortschritt mehr erzielen und es auch keine Chance für eine Einigung mehr zu geben scheint. Ein solch totaler Stillstand ist selten. Wenn Sie ihn jedoch erreicht haben, ist der einzige Ausweg der, jemanden als Vermittler hinzuzuziehen. Seine Aufgabe ist es, eine Lösung zu finden, die beide Seiten als vernünftig akzeptieren.

Unerfahrene Verhandler beziehen nur unwillig einen Vermittler in eine Verhandlung mit ein, weil sie in der Unfähigkeit, ein Problem alleine zu lösen, einen eigenen Misserfolg sehen, den sie ungern offen eingestehen. Erfolgreiche Verhandler wissen, dass es viele gute Gründe gibt, warum eine dritte Partei in einer solchen Situation das Problem leichter lösen kann.

Ein Vermittler muss, um effektiv arbeiten zu können, von beiden Seiten als neutral anerkannt werden. Dies wird nun vielleicht nicht immer möglich sein, einen wirklich neutralen Vermittler zu finden. In vielen Fällen wird Ihr Verkaufsleiter oder jemand anderer aus Ihrem Unternehmen die Rolle des Vermittlers übernehmen.

Bestehen in diesem Fall überhaupt Chancen, dass Ihr Kunde ihn als neutrale Person anerkennt? Ja. Ihr Verkaufsleiter – um bei dem Beispiel zu bleiben - muss allerdings etwas tun, um in den Augen des Kunden den Status der Neutralität zu erlangen. Er geht in die Verhandlung und sagt: »Ich hatte bisher nicht die Gelegenheit mich einzuarbeiten. Bitte erläutern Sie mir doch beide Ihre Standpunkte, und lassen Sie mich überlegen, ob ich eine Lösung vorschlagen kann, mit der Sie beide leben können.« Indem er beide Seiten um die Darlegung ihrer Standpunkte bittet, demonstriert er, dass er sich unvoreingenommen in dieses Gespräch begibt. Er vermeidet ein »wir«, das ihn mit Ihnen in Verbindung bringen würde. Nachdem er geduldig beide Seiten angehört hat, wird er sich an Sie wenden und sagen: »Vielleicht könnten Sie ein wenig bei den Konditionen (oder einem anderen Detail) nachgeben?« Es macht sich gut, wenn er dafür sorgt, dass schon am Anfang des Vermittlungsgesprächs ein kleines Zugeständnis an die Kundenseite gemacht wird. Sie wissen, dass er auf diese Weise versucht, sich als neutrale Figur darzustellen, und dass er Sie nicht offen unterstützen kann. Womöglich ist das der Impuls, der die Verhandlung wieder ins Rollen bringt und den Weg zu einem für beide Seiten befriedigenden Abschluss ebnet.

Fazit: Erfahrene Verhandler sehen Problemsituationen in Verhandlungen als etwas ganz Normales an. Wenn es in der Verhandlung gar nicht mehr vorwärts geht, ist es wichtig, den Fokus von dem kritischen Verhandlungspunkt wegzunehmen und die Diskussion auf andere Themen auszuweiten. So kann es gelingen, die gesamte Dynamik in der Verhandlung positiv zu verändern. Wenn Ihre Verhandlungen wirklich einmal vollkommen festgefahren sind und Sie alleine keine Lösung mehr erreichen können, scheuen Sie sich nicht, einen Vermittler einzuschalten, der über den toten Punkt hinweghilft.

Ihr Nutzen: Welche der genannten Möglichkeiten, festgefahrene Verhandlungen wieder in Gang zu bringen, sehen Sie für sich als be-

sonders brauchbar an? Wer aus Ihrem Umfeld kann bei Bedarf in Ihren
Verhandlungen als Vermittler fungieren?

Machen Sie ein kleines Zugeständnis im letzten Moment

//Bauen Sie Ihrem Verhandlungspartner eine Brücke zum Ja

► Wenn Sie ein guter Verhandler sind, werden Sie sich auf die einzelnen Verhandlungsschritte verstehen und ohne Mühe einem
Abschluss sehr nahe kommen. Dennoch werden Sie es immer wieder erleben, dass es eine nicht zu unterschätzende Hürde ist, am
Ende tatsächlich die Unterschrift des Kunden zu bekommen, das
heißt den Abschluss unter Dach und Fach zu bringen. Das liegt
dann weder am Preis noch an den anderen Bedingungen, die Sie
ausgehandelt haben, sondern an einem einfachen psychologischen
Moment aufseiten des Kunden.

Ihr Kunde hat sich nämlich ebenso wie Sie vorgenommen, seinen
Verhandlungsjob gut zu machen. Vielleicht kommt noch hinzu,
dass er vor seinem Vorgesetzten oder seinen Kollegen (vielleicht ist
der Vorgesetzte oder ein Kollege bei der Verhandlung sogar anwe-
send) als Verhandlungsprofi dastehen und daher Ergebnisse vorweisen möchte, auf die er stolz sein kann. Woran er seinen
Verhandlungserfolg festmacht, ist nicht immer ganz genau einzuschätzen. Auch wenn er weiß, dass Ihr Angebot fair ist und seinen
Wünschen in jeder Hinsicht entspricht, braucht er doch als letztend-
lichen Impuls für seine Unterschrift einen sichtbaren Beweis dafür,
erfolgreich verhandelt zu haben.

Ein sehr effektives Mittel, dies zu erreichen, ist ein kleines
Zugeständnis im letzten Moment. Das Zugeständnis kann gering
sein, nicht der Umfang des Zugeständnisses ist entscheidend für

seine Wirksamkeit, sondern der Zeitpunkt, zu dem es gemacht wird. Sie könnten also im richtigen Moment – kurz vor der endgültigen Entscheidung – sagen: »Ich kann im Preis nicht weiter runtergehen, aber ich schlage Ihnen Folgendes vor: Wenn Sie mit dem Preis einverstanden sind, werde ich die Installation persönlich überwachen, um sicherzugehen, dass alles perfekt läuft.« Hiermit bauen Sie dem Kunden eine Brücke, über die er gehen kann und mit etwas Glück wird er antworten: »Nun gut, wenn Sie das für mich tun, bin ich einverstanden mit dem Preis.« Er hat dabei nicht das Gefühl nachzugeben, sondern etwas im Gegenzug zu erhalten. Heben Sie also immer einen kleinen Spielraum auf, um im letzten Moment ein solches Mini-Zugeständnis machen zu können, das es Ihrem Kunden leicht macht, definitiv »ja« zu sagen.

Hier einige Anregungen, welche kleinen Zugeständnisse denkbar sind:

- Eine kostenlose Einweisung
- Ein kostenloses Handbuch
- Eine Preisgarantie für 3 Monate für den Fall einer Zusatzbestellung
- Eine verlängerte Garantiezeit
- Ein längeres Zahlungsziel
- Eine geringere Anzahlung bei Auftragserteilung

Fazit: Um die endgültige Entscheidung Ihres Kunden voranzutreiben, gewähren Sie noch ein kleines Zugeständnis unmittelbar vor Vertragsabschluss.

Ihr Nutzen: Überlegen Sie für sich, welche kleinen Zugeständnisse Sie machen können, die es Ihrem Kunden leicht machen, Ihr Angebot anzunehmen.

Wege zum Abschluss

► Als Profi-Verhandler müssen Sie den Kunden manchmal auf die Entscheidung hinführen und in der Phase, wenn er kurz vor der Entscheidung steht, seinen Wunsch zur Umsetzung der angebotenen Lösung verstärken.

Versetzen Sie sich in die Lage des Kunden. Überlegen Sie, welche Befürchtungen er haben könnte und welche Argumente ihm wohl fehlen, um eine Entscheidung treffen zu können. Bauen Sie bei ihm Sicherheit durch die richtigen Argumente auf. So bestärken Sie den Kunden in seiner Entschlussfreude und Entscheidungssicherheit.

Es gibt viele Möglichkeiten, Ihr Gegenüber zum Abschluss zu motivieren. Ich will hier eine Reihe von Möglichkeiten aufführen, um Ihnen vielfältige Anregungen zu geben. Teilweise wiederholen sich hier Tipps, die Sie schon aus vorangegangenen Kapiteln kennen.

Stellen Sie Fragen, mit denen Sie die Verantwortung für den Fortgang der Verhandlung sozusagen delegieren:
- »Wie gehen wir jetzt weiter vor?«
- »Was kann ein möglicher nächster Schritt sein?«
- »Was ist Ihrer Meinung nach nun zu tun?"
- »Was schlagen Sie vor?«

Fassen Sie das bisher Gesprochene zusammen, legen Sie konkret die Eckpunkte der Verhandlung dar, so wie Sie es verstanden haben. Hieran kann Ihr Gegenüber dann ebenso konkret anschließen.

Sprechen Sie zwei bis drei (oder auch mehrere) unbestreitbare Tatsachen nacheinander an und leiten Sie dann eine Schlussfolgerung daraus ab. Dadurch lassen Sie diese Schlussfolgerung als logisch und plausibel erscheinen.

Beispiel: Statt »Wie machen wir jetzt weiter?« oder »Sind Sie zu dem nächsten Schritt bereit?« sagen Sie: »Sie haben sich für eine Farbe entschieden;« (Tatsache 1), »Sie haben die richtige Ausstattung gewählt;« (Tatsache 2), »Sie haben sich mit Ihrer Frau besprochen;« (Tatsache 3), »Sie sind mit der Lieferzeit zufrieden« (Tatsache 4). »Das zeigt mir, dass Sie bereit zum nächsten Schritt sind« (Schlussfolgerung).

Wenn Sie nicht genau wissen, wo Sie in der Verhandlung stehen, haben Sie die Möglichkeit, mit gezielten Fragen einen Abschlussversuch durchzuführen. Damit können Sie eruieren, wie weit die Entscheidungssicherheit des Gegenübers gegeben ist, und Sie können das Abschlussklima testen. Hierfür sind folgende Fragen geeignet:

- »Was sagen Sie zum jetzigen Zeitpunkt dazu?«
- »Angenommen, Sie müssten sich heute entscheiden, wie würde die Entscheidung ausfallen?«
- »Was müssen wir noch tun, damit wir den Auftrag von Ihnen bekommen?«
- »Wie sehen Sie das Angebot, eher positiv, eher negativ oder neutral?«
- »Welche Informationen brauchen Sie noch, um abschließen zu können?«
- »Wie können wir Ihnen noch helfen?«
- »Wie denkt Ihr Chef über unser Angebot?« (Achtung: höhere Instanz! Siehe auch Seite 85ff)
- »Angenommen, Sie müssten XY (die höhere Instanz) nicht fragen, wie würden Sie persönlich entscheiden?«
- »Angenommen, wir könnten alle Ihre Wünsche und geforderten technischen Details realisieren. Was würden Sie dann zu diesem Angebot sagen?« (Siehe auch Seite 82, »Einwände«)

Auch wenn Sie mit diesen Fragen den Abschluss vielleicht nicht zum gegenwärtigen Zeitpunkt herbeiführen können, haben Sie auf alle Fälle den Stand der Dinge geklärt und können diesen als Zwischenergebnis festhalten und damit eine gute Ausgangsbasis für weitere Gespräche schaffen.

Auf dem Weg zum Abschluss brauchen Sie Geduld und Beharrlichkeit. Versuchen Sie den Kunden nicht mit einem Ruck in Richtung Abschluss zu bringen, sondern Schritt für Schritt. Zweifeln Sie nicht daran, dass der Kunde seine Meinung auch ändern kann; nur weil er Ihnen vor einer Minute, einer Stunde oder gestern »nein« gesagt hat, heißt das nicht, dass er wieder »nein« sagen wird, wenn Sie ihn das nächste Mal fragen.

Wenn Sie es so einschätzen, dass es einfach noch ein wenig Zeit braucht, bis der Kunde so weit ist, dehnen Sie Ihr Gespräch aus, indem Sie ein anderes Thema ansprechen, ein Getränk anbieten (oder um eines bitten, wenn Sie beim Kunden sind) oder sich sonst etwas einfallen lassen. Je mehr Zeit der andere in das Gespräch mit Ihnen investiert hat, desto mehr steigen Ihre Chancen auf einen Abschluss.

Drängen Sie niemanden, seine Meinung zu ändern. Machen Sie keinen Druck. Um die Anspannung zu lösen, erzählen Sie zwischendurch eine kleine Geschichte, um von der Entscheidung abzulenken und die Atmosphäre aufzulockern. Sagen Sie zu sich: »Ich habe schon die richtige Frage gestellt, aber wohl zum falschen Zeitpunkt. Jetzt lenke ich erst mal ab und komme dann noch mal auf meine Frage zurück.« Nehmen Sie ein »Nein« nicht als endgültige Ablehnung, sondern als ein Zeichen, dass Sie dem Käufer noch ein wenig Zeit geben müssen, um seine Meinung zu ändern.

Geben Sie einen Ausblick auf die Zukunft. Formulieren Sie den Ist-Zustand, die Lösung und den Soll-Zustand aus der Sicht, als wäre er schon erreicht. Zu diesem Blickwinkel können Sie auch Ihr Gegenüber mit der Frage auffordern: »Welche Vorteile werden Sie haben, wenn die Lösung realisiert ist?« oder »Wie werden Sie sich fühlen, wenn all das fertig ist?«. Dieser Ausblick motiviert zum Handeln.

Eine Möglichkeit, den Kunden in seiner Entscheidung für ein teures Angebot oder eine teurere Variante zu unterstützen, ist es, zu sagen: »Ich habe den Eindruck, dass Sie sich eigentlich schon entschieden haben. Sie können es sich doch leisten. Also zögern Sie nicht.« Dies ist eine sehr wirkungsvolle Bemerkung, schmeichelt Sie doch dem Kunden insofern, als man seine finanzielle Situation positiv einschätzt. Es versteht sich, dass diese Taktik speziell bei zahlungskräftigen Kunden angebracht ist. Dann können Sie nämlich auch davon ausgehen, dass diese einfach nur Freude am Kauf haben werden und dem ausgegebenen Geld nicht nachtrauern werden.

Wenn Ihre Kunden zu zweit oder mehreren sind, kann es eine gute Methode sein, sie kurz vor dem Abschluss ein paar Minuten allein zu lassen. Egal, wie gut sie sich untereinander kennen, können sie doch nicht gegenseitig Gedanken lesen und sich nicht sicher sein, ob der andere genauso denkt wie sie selbst. Wenn sie kurz allein sind, können sie das untereinander abklären und schließlich eine definitive Kaufzusage machen. Gerade bei größeren Entscheidungen ist diese Möglichkeit der Absprache untereinander für die Kundenseite von Bedeutung. Sie beugen damit der Bitte des Kunden vor, noch einmal Bedenkzeit haben zu wollen. Übrigens müssen Sie nicht offen sagen »Ich möchte Ihnen jetzt etwas Zeit zum Überdenken geben«. Finden Sie irgendeinen Grund, weshalb Sie das Büro für ein paar Minuten verlassen, wie zum Beispiel um einen Kaffee oder Notizpapier zu holen.

Wenn Sie Ihre Präsentation machen, erzählen Sie nicht gleich alles, was es zu dem Produkt oder der Dienstleistung zu sagen gibt. Sparen Sie sich etwas auf, was Sie kurz vor dem Abschluss noch hinzufügen können. Etwas, was dem Kunden die Kaufentscheidung leichter macht, weil er es als großen Vorzug erkennt, etwas, was den Kunden einmal mehr für das Produkt oder die Dienstleistung einnimmt.

Von Ihrer Ausstrahlung her macht es übrigens einen großen Unterschied, wie Sie selbst Ihre Erfolgschancen einschätzen. Gehen Sie einfach immer davon aus, dass der Kunde kaufen wird! Wenn Sie das annehmen, ist es gar nicht nötig, den Kunden zu bedrängen. Formulieren Sie Ihre Aussagen immer so, dass Sie damit Ihre positive Annahme zum Ausdruck bringen. Sagen Sie »Ihnen gefällt das Auto, nicht wahr?« statt »Gefällt Ihnen das Auto?«. Gehen Sie davon aus, dass der Kunde kauft, dass er bei Ihnen kauft, dass er heute kauft und dass die Verhandlungen ganz reibungslos verlaufen.

Ein Weg zum endgültigen »Ja« des Kunden kann auch über die Zustimmung des Kunden zu kleinen, unbedeutenden Punkten führen.

Lassen Sie ihn erst die Ausstattungsvariante für das Autos bestimmen und dann »ja« zum Kauf des Autos sagen!

Wenn der Kunde Ihnen eine Frage zum Produkt stellt – zum Beispiel »Ist das Auto kurzfristig auch in Schwarz lieferbar?« –, geben Sie die Frage zurück – »Möchten Sie es in Schwarz bestellen?« – und führen Sie auf diese Weise den Kunden auf den Abschluss hin.

In manchen Sparten gibt es die Möglichkeit, einem unentschlossenen Kunden anzubieten, dass er das Produkt, um das es geht, zur Ansicht bzw. zum Ausprobieren mitnehmen (bzw. behalten) kann. Der Kunde fühlt sich auf diese Weise freier in seiner Entscheidung und kann diesem Kauf auf Probe viel leichter zustimmen als einem Kauf ohne Hintertür.

Wenn es dem Kunden schwer fällt, eine Entscheidung zu treffen, zeigen Sie hierfür Verständnis. Sagen Sie:»Ich kann verstehen, dass Ihnen im Moment die Entscheidung schwer fällt.« Machen Sie darauf aufmerksam, dass Sie der Experte sind und gerne bei der Entscheidungsfindung behilflich sind. Dazu sind Sie schließlich da. Bieten Sie regelrecht an, dem Kunden die Entscheidung abzunehmen.

Stellen Sie es nie so dar, als gäbe es nur die Entscheidung dafür oder dagegen, sondern lassen Sie es so erscheinen, dass lediglich die Entscheidung zwischen Variante A oder B ansteht. – »Wollen Sie das Auto in Rot oder in Schwarz?«

Wenn ein Abschluss so gar nicht mehr möglich erscheint, können Sie folgende Strategie anwenden: Geben Sie sich (scheinbar) geschlagen, sagen Sie:»Also gut, ich akzeptiere, dass Sie nicht bei mir kaufen werden«, um dann fortzufahren:»Ich habe nur eine Bitte, um für mich etwas daraus zu lernen: Können Sie mir sagen, weshalb Sie sich dagegen entschieden haben? Was habe ich falsch gemacht?« Sie nehmen damit den Druck vom Kunden, denn Sie drängen ja nicht mehr auf einen Abschluss. Daraufhin wird der Kunde meist bereitwillig den wahren Grund seiner Ablehnung nennen. Oft ergibt sich daraus die Chance, auf den genannten Grund einzugehen, ihn aus dem Weg zu räumen und schließlich doch noch den Verkauf zu tätigen.

Ein ähnlicher Weg, dem Kunden den Druck zu nehmen, ist es, Ihre

Aktentasche zu schließen mit den Worten »Es war nett, mit Ihnen zu sprechen, auch wenn Sie sich im Moment nicht entschließen können, auf mein Angebot einzugehen. Vielleicht können wir zu einem späteren Zeitpunkt noch einmal zusammenkommen«. Sozusagen im Gehen (Columbo-Taktik!) drehen Sie sich noch einmal um und fragen:»Sagen Sie mir doch noch bitte, woran es gelegen hat, dass ich Sie nicht überzeugen konnte. Was kann ich an meiner Präsentation verbessern?« Sobald Ihr Gegenüber das Gefühl hat, dass Sie ihn nicht mehr zu etwas drängen wollen, kann er Ihnen ganz locker darüber Auskunft geben. Vielleicht gibt es dann noch mal einen Weg, in die Verhandlung wieder einzusteigen. Wenn nicht, haben Sie auf jeden Fall dazugelernt.

Hängt die Kundenentscheidung noch von irgendetwas ab, was nicht unmittelbar geklärt werden kann, streben Sie einen vorläufigen Abschluss an, der alle Vereinbarungen festhält und den Kunden zu einer gewissen Verbindlichkeit seiner Zusage bringt. Definieren und begrenzen Sie die Voraussetzung, die erfüllt sein muss, damit das Zustandekommen des Abschlusses endgültig ist. Damit gehen Sie auf den Kunden ein und kommen Ihrem Ziel dennoch ein gutes Stück näher.

Wenn Sie schließlich einen Abschluss erzielt haben, halten Sie diesen möglichst gleich in allen Punkten und mit allen Absprachen schriftlich fest und lassen Sie ihn unterschreiben. So beugen Sie Missverständnissen und späterem Ärger wirksam vor.

Fazit: Gehen Sie mit Beharrlichkeit Schritt für Schritt auf einen Abschluss zu. Führen Sie dabei den Kunden, aber üben Sie nicht zu viel Druck auf ihn aus; lockern Sie gegebenenfalls die Atmosphäre zwischendurch auf.

Ihr Nutzen: Welche der vorgeschlagenen Varianten werden Sie gleich in Ihrer nächsten Verkaufsverhandlung zur Anwendung bringen? Was hat Sie besonders angesprochen?

Gratulieren Sie dem Kunden

► Wenn der Kauf abgeschlossen ist, folgt typischerweise die Phase der Entscheidungsrechtfertigung. Der Käufer beginnt seine Kaufentscheidung vor sich selbst und/oder auch vor anderen zu rechtfertigen. In seinem Kopf taucht die Frage auf, ob die Entscheidung nun richtig oder falsch war. (Das kennt jeder von den verschiedensten Entscheidungen, oder nicht?) Je nachdem, wie er sich diese Frage beantwortet, setzt nun Entscheidungsreue oder Entscheidungsfreude ein, das heißt im speziellen Fall Kaufreue oder Kauffreude. Deshalb gilt es hier, das positive Gefühl, das zu dieser Kaufentscheidung geführt hat, auch im Nachhinein nochmals zu verstärken. Das bedeutet auch, auf alle Kundenaktionen oder Reaktionen – positiv wie negativ – zeitnah zu reagieren und sie positiv zu bestätigen.

Wir alle kennen die »Gratulation« nach Kaufentscheidungen, die bezwecken soll, dass der Kunde nach dem Kauf sagen kann »Das war eine gute Entscheidung!«. Übrigens werden die meisten Autoprospekte deshalb gedruckt, damit der Kunde nach dem Kauf den Prospekt mitnehmen und zu sich oder seiner Familie sagen kann »Gute Entscheidung!«.

Wenn Sie die Verhandlungen zu Ende geführt haben, gratulieren Sie dem Kunden auch zu seinem Verhandlungsgeschick. Sagen Sie ihm, dass Sie in ihm einen harten Gegenspieler hatten, der Sie an die Grenzen des Machbaren gebracht hat, und sagen Sie ihm auch, dass Sie seine Fairness zu schätzen wissen. Sie bekräftigen damit das gute Gefühl des Kunden und schaffen eine gute Basis für das Miteinander in allen folgenden Verhandlungen.

Fazit: Machen Sie es sich zur Gewohnheit, Ihren Kunden nach dem Abschluss noch einmal darin zu bestärken, dass er ein gutes Geschäft gemacht hat und hervorragend verhandelt hat.

Ihr Nutzen: Überlegen Sie, was Sie tun können, um Kaufreue bei Ihren Kunden zu verhindern und stattdessen die Freude am Kauf zu verstärken.

► Das Prinzip der Win-Win-Verhandlungen

Verlangen Sie mehr, als Sie erwarten

//Was zählt, ist das beidseitige Erfolgsgefühl

► Sprechen wir zum Schluss noch einmal über Win-Win-Verhandlungen. Statt den Kunden zu dominieren und ihn zu etwas zu verleiten, was er normalerweise nicht tun würde, sollte das Ziel der Verhandlungen sein, eine Lösung zu entwickeln, die beide Seiten gewinnen lässt.

Jetzt werden Sie vielleicht anführen, dass es im Verkauf schwerlich Win-Win-Lösungen geben kann, und Sie werden argumentieren: »Ich verkaufe etwas und will dafür den höchstmöglichen Preis und der Kunde kauft etwas und versucht eindeutig den niedrigstmöglichen Preis zu erzielen. Wie können wir da beide gewinnen?« Bedeutet Win-Win wirklich, dass beide Seiten gewinnen? Oder ist es eine Win-Win-Situation, wenn jede Seite denkt, dass sie gewonnen hat? Wenn Sie mit einem dicken Auftrag nach Hause gehen und denken: »Ich habe gewonnen. Ich wäre mit dem Preis noch ein wenig nach unten gegangen, hätte der Kunde mich noch mehr bedrängt.« Und wenn der Kunde gleichzeitig denkt: »Ich habe gewonnen. Ich wäre auch bereit gewesen einen noch höheren Preis zu zahlen, hätte der Verkäufer nicht nachgegeben.« – Ich meine: Ja, das ist eine Win-Win-Situation.

Voraussetzung ist allerdings, dass auf beiden Seiten das Gefühl, gewonnen zu haben, andauert und keiner am nächsten Tag denkt:

»Jetzt ist mir klar geworden, was der andere mit mir gemacht hat.«

Manchmal haben Sie es mit Einkäufern zu tun, denen es mit einem offensichtlichen Win-Win-Ergebnis nicht gut gehen würde. Sie brauchen geradezu das Gefühl, dass sie gewonnen haben und der Verkäufer verloren hat, wünschen sich also ein Win-lose-Ergebnis – natürlich zu ihren Gunsten. In einem solchen Fall kann es taktisch ausgesprochen klug sein, den Einkäufer in der Wahrnehmung zu lassen, dass er Ihnen den letzten Rabattgroschen aus der Tasche gezogen hat und Sie Ihr letztes Hemd hergeben haben. – Was ja nicht heißt, dass dem tatsächlich so sein muss!

Wichtige Empfehlungen für Win-Win-Verhandlungen

//Schränken Sie die Verhandlung nicht auf einen Punkt ein

► Vermeiden Sie es grundsätzlich, am Ende nur noch einen einzigen Verhandlungspunkt übrig zu behalten. Wenn Sie alle Verhandlungspunkte nacheinander klären und zum Schluss nur noch die Einigung über den Preis aussteht, wird einer gewinnen und einer verlieren. Solange Sie hingegen noch mehr als einen Punkt auf dem Verhandlungstisch haben, können Sie Tauschgeschäfte machen und jeder kann gewinnen: Zum Beispiel akzeptiert der Kunde den Preis und Sie bieten eine Extra-Leistung im Gegenzug.

Wann immer Sie also feststellen, dass die Verhandlung sich auf einen Punkt eingegrenzt hat, sollten Sie unbedingt weitere Verhandlungspunkte einflechten.

Zum Glück gibt es gewöhnlich viele Faktoren, die von Bedeutung sein können.

Häufig wird der Kunde versuchen, Ihre Produkte als austauschbare Standardprodukte darzustellen, indem er sagt: »Es ist mir egal, bei wem ich kaufe. Allein entscheidend ist der Preis.«, und damit die Verhandlung auf die Frage des Preises einengen. Wenn das der Fall ist, sollten Sie alles Erdenkliche tun, um andere Punkte wie Zusatzservice, Lieferbedingungen, Verpackung, Garantien, Referenzen und vieles andere mehr mit in die Diskussion zu bringen, damit Sie den Kunden von der Einschätzung abbringen, dass es hier nur um den Preis geht.

//Machen Sie sich klar, dass nicht jeder auf das Gleiche aus ist

Wir neigen immer dazu anzunehmen, dass unser Gegenüber genauso denkt und empfindet wie wir. Daher setzen wir häufig auch voraus, dass andere Menschen das wollen, was wir wollen, und dass das, was für uns wichtig ist, auch für andere wichtig ist. Aber das ist nicht wahr.

Die größte Falle für einen Verkäufer ist es anzunehmen, dass für den Kunden immer der Preis das Wichtigste ist. Es gibt jedoch daneben viele andere Faktoren, die für den Kunden von Bedeutung sind: Er muss von der Qualität des Produktes oder Services überzeugt sein. Er muss sich sicher sein, dass die Lieferung termingerecht erfolgt, dass er bei Problemen durch sachverständige Mitarbeiter Unterstützung findet und dass er in Ihnen einen zuverlässigen und leistungsstarken Partner findet. Das alles kommt ins Spiel und noch manches andere mehr. (Siehe auch Kapitel 2, »Was für den Kunden wichtig ist«, Seite 52)

Finden Sie im Gespräch heraus, welches für Ihren Kunden die entscheidenden Faktoren sind, und gehen Sie darauf ein. Sie müssen nicht rundherum alles bieten und das obendrein noch zum günstigsten Preis. Win-Win-Lösungen sind gerade deshalb möglich, weil in der Regel für beide Seiten ein anderer Punkt der wichtigere Punkt ist.

Beim erfolgreichen Verhandeln geht es nicht in erster Linie darum, was Sie möchten, sondern darum, was der andere möchte. Einer der mächtigsten Gedanken, den Sie haben können, wenn Sie mit einem Kunden verhandeln, ist folgender: »Was kann ich dem anderen geben?« (Und das kann durchaus etwas sein, was Ihnen nichts wegnimmt.) Das Schöne daran: Die anderen werden Ihnen das geben, was Sie wollen, wenn Sie ihnen geben, was sie wollen.

//Versuchen Sie nicht das Letzte herauszuholen

Ein Schlüssel zu Win-Win-Verhandlungen liegt darin: Seien Sie nicht zu habgierig. Versuchen Sie nicht, den letzten Cent herauszuholen. Das würde Sie möglicherweise triumphieren lassen, aber hilft es Ihnen, wenn der andere das Gefühl hat, von Ihnen besiegt worden zu sein? Lassen Sie etwas auf dem Verhandlungstisch liegen, damit Ihr Gegenüber das Empfinden hat, ebenso gewonnen zu haben.

//Geben Sie ein bisschen mehr, als erwartet wird

Verblüffen und erfreuen Sie Ihren Kunden, indem Sie immer ein bisschen mehr geben, als er erwartet. Ich meine damit nicht, dass Sie einen zusätzlichen Preisnachlass gewähren. Was ich meine, ist irgendein kleiner Extra-Service. Kümmern Sie sich ein wenig mehr um Ihren Kunden, als Sie es nach der Vereinbarung müssten. Sie werden feststellen, dass dieses kleine Extra, das der Kunde erhält ohne dafür gekämpft zu haben, ihm mehr bedeutet als alles, was er aushandeln musste.

Fazit: Seien Sie jederzeit wachsam, dass sich keine Seite auf ihren Standpunkt versteift und blind wird für die Interessen der anderen Seite. Sorgen Sie stattdessen für einen erweiterten Blickwinkel.

Achten Sie darauf, dass die Durchgängigkeit des Win-Win-Prinzips während der ganzen Verhandlung gewährleistet ist. Der Kunde wird nur dann überzeugt sein gewonnen zu haben, und es auch bleiben, wenn nichts diese Wahrnehmung stört.

Die Kunst der Win-Win-Verhandlung besteht darin, eine Reihe von Verhandlungspunkten gleichrangig wie zur Auswahl nebeneinander zu stellen, sodass jede Seite in dem für sie wichtigeren Punkt gewinnen kann. Daraus erwächst die klassische Win-Win-Situation.

Ihr Nutzen: Wie denken Sie über das Win-Win-Prinzip? Wie können Sie es in Ihre Verhandlungen hineintragen? Wie sieht die Liste der Faktoren aus, die neben dem Preis alle in Ihren Verhandlungen von Belang sein können?

Schlussgedanken

► Liebe Leserin, lieber Leser,
möglicherweise werden Sie bei der ein oder anderen Textpassage oder dem ein oder anderen Beispiel gesagt haben »Da hat er jetzt aber ganz schön dick aufgetragen!« oder »Ganz so einfach wird es wohl kaum sein!«. Und dazu kann ich sagen: »Sie haben Recht!« Vieles ist nicht ganz so leicht, wie es sich anhört. Das ist jedoch in meinen Augen ganz und gar kein Grund, sich gar nicht erst an diese Dinge heranzuwagen. Dieses Buch soll Ihnen vor allen Dingen Mut machen: Mut, ins Handeln zu kommen, Mut, Neues auszuprobieren. Mut unkonventionelle Wege zu gehen. Nur so können Sie neue Erfahrungen machen, die Sie weiterbringen.

Nachdem ich mittlerweile mit ganz vielen Verkäufern zusammengearbeitet habe, kann ich sagen, dass bei den meisten das Selbstvertrauen in Bezug auf den Preis viel zu schwach ausgeprägt ist. Verkäufer sehen sich allzu oft als Bittsteller. Ich möchte Sie stärken und ermuntern, Ihren Standpunkt zu behaupten und im Zweifelsfall immer etwas mehr zu verlangen – und das mit großer Selbstverständlichkeit. (Etwas zurückschrauben können Sie immer noch.)

Eins noch: Wachstum und wirkliche Weiterentwicklung finden nie in den Bereichen statt, in denen wir uns wohl und sicher fühlen, sondern da, wo wir ein gewisses Unbehagen und anfängliche Unsicherheit verspüren. Dieses Buch möchte Sie einladen, zehn Prozent anders zu machen, zehn Prozent mehr zu verlangen, zehn Prozent härter zu verhandeln, zehn Prozent kreativer zu sein und damit noch mehr Erfolge, noch mehr Spitzenleistungen im Verhandeln und im Verkaufen zu erreichen.

Sie wissen ja, Sie bekommen nicht, was Sie verdienen, sondern was Sie verhandeln!

Mit allen guten Wünschen

Ihr
Hermann Scherer

Asgodom, Sabine
Eigenlob stimmt. Erfolg durch Selbst-PR
München: Econ, 1999

Asgodom, Sabine, Scherer, Hermann
Jetzt komm ich!
Landsberg: mvg, 2001

Bornhäußer, Andreas
Präsentainment. Die hohe Kunst des Verkaufens
München: Benleo, 2001

Dawson, Roger
Video: Advanced Tactics
City of Industry, CA 91748, USA

Dawson, Roger
Hörbuch: Die Geheimnisse des erfolgreichen Verhandelns
Nightingale-Conant Corporation, 1989
Vertrieb in Deutschland: Bornhorst GmbH, 69198 Schriesheim

Dawson, Roger
Video: Guide to Business Negotiating
City of Industry, CA 91748, USA

Dawson, Roger
Video: Guide to Everyday Negotiating
City of Industry, CA 91748, USA

Dawson, Roger
Video: Negotiating for Salespeople
City of Industry, CA 91748, USA

Dawson, Roger
Video: Secrets of Power Negotiating
City of Industry, CA 91748, USA

Dawson, Roger
Buch: Secrets of Power Negotiating for Salespeople
Career Press, Franklin Lakes, NJ, USA, 1999

Detroy, Erich-Norbert
Sich durchsetzen in Preisgesprächen und -verhandlungen
10. Auflage, Zürich, Verlag Moderne Industrie, 1998

Löhr, Jörg, Pramann, Ulrich
So haben Sie Erfolg
München: Südwest Verlag, 2000

Peters, Stefanie
Die Wissensfabrik
Bizz 7, 2001-09-19

Scheelen, Frank M.
Menschenkenntnis auf einen Blick
Moderne Verlagsgesellschaft, München, 2000

Scherer, Hermann
Auftreten wie beim Rendezvous, in: Focus 29/01, 16.07. 01, S. 174
München: Focus Magazin Verlag, 2001

Scherer, Hermann
Erfolg im Vertrieb mit Future skills, in: sales business 06/01, S. 83
Wiesbaden: Gabler Verlag, 2001

Scherer, Hermann
Erfolgreich verhandeln, in: sales business 05/01, S. 83
Wiesbaden: Gabler Verlag, 2001

Scherer, Hermann, Thienel, Sabine
Ich bin einfach gut, in: Focus Money 32/01, 02.08.01, S. 122 - 125
München: Focus Magazin Verlag, 2001

Scherer, Hermann
Jeder Tag ist Schlussverkauf
Offenbach: GABAL Verlag, 2001

Scherer, Hermann, Thienel, Sabine, Vieser, Susanne
So sichern Sie Ihre Karriere, in: Focus Money 35/01, 23.08. 01,
S. 118 - 123
München: Focus Magazin Verlag, 2001

Scherer, Hermann (Hrsg.)
Von den Besten profitieren
Offenbach: GABAL Verlag, 2001

Mein besonderer Dank geht an dieser Stelle an die Textcoaching-Expertin Ulrike Hensel (www.textcoaching.de), die mich bei der Entstehung dieses Buches so wunderbar in der Textüberarbeitung unterstützt hat.

Für Leute, die mehr wollen.
Mehr Buch, mehr Web, mehr Erfolg.

book@**web** ist ein medialer Brückenschlag, der die Vorteile beider Medien nutzt: **das Buch** als ideales Medium für lineare Informationen, **das Internet** mit seinen hypermedialen Kommunikationstools.

Zu jedem book@**web**-Buch gibt es unter **www.book-at-web.de** einen **kostenlosen Workshop** zum aktiven Training: mit interaktiven Übungen, Formularen zum Downloaden, Audios und Videos.

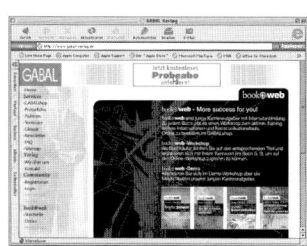

➤ **Business Community**

➤ **Shop, Autoren, Seminare**

➤ **Kommunikation via Foren**

➤ **Interaktive Workshops**

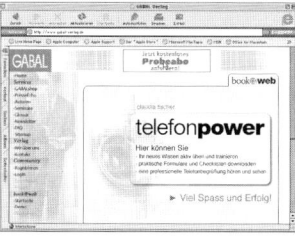

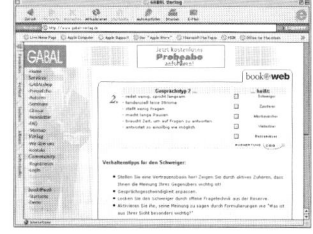

www.book-at-web.de